遐邇貫珍

香港史料類鈔

黃天自署

中華書局

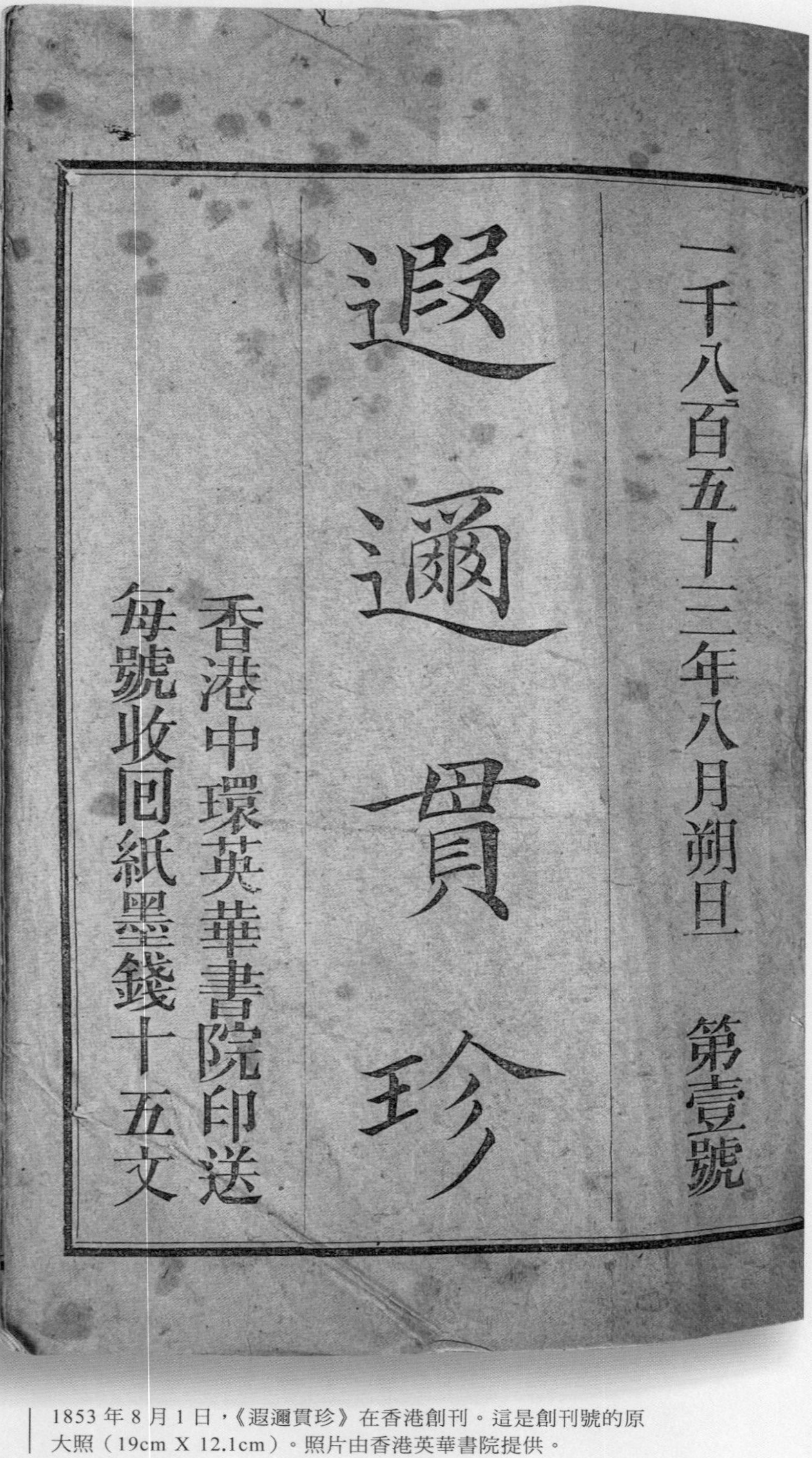

1853 年 8 月 1 日，《遐邇貫珍》在香港創刊。這是創刊號的原大照（19cm X 12.1cm）。照片由香港英華書院提供。

下 :1838 年香港開埠前的田園風光。這是法國畫家奧古斯特 · 波塞爾（Auguste Borget）所繪。他筆下的蜿蜒小河向海流，灌溉用的竹管架在岩石上。有推斷這是黃泥涌村落的田園。（香港藝術館藏）

上 : 歐美航船遠涉重洋來華，往往先在香港仔鴨脷洲一帶泊碇休整，然後才北上廣州黃埔。此圖是英國阿默斯特使團於 1816 年訪華，在香港仔寄碇，派出小艇前往港島的瀑布汲水。經考證此瀑布位於今日的華富邨，並成為英國人對香港的早期認識。繪圖者是特使團的畫師哈維爾（W. Havell）。（香港藝術館藏）

上 : 在珠江口岸停泊的走私鴉片煙船

下 : 1841 年《川鼻條約》無法落實，英國重開戰火，砲轟廣東城池。

1842 年 8 月 29 日，中英共同簽訂《南京條約》，按條約規定，中國割讓香港島給英國。這是近代史上中國簽下的第一條不平等條約。

1843 年 6 月 26 日，欽差大臣耆英到港，舉行《南京條約》的換文儀式。此圖乃水彩紙本，作者不詳。畫面描繪耆英乘轎抵達督轅，英方正在出迎。換文儀式過後，璞鼎查（砵典乍）馬上宣誓成為第一任港督。（香港藝術館藏）

View of Aberdeen Street, Victoria, looking North, Hong Kong, 1846.

英國據有香港後，即大興土木，蓋衙署，建洋樓。1846 年畫家布魯士（Murdoch Bruce）繪畫了十二幅香港風情畫，並由麥克勞爾（Maclure）刻製成版畫。這是其中一幅描繪剛修好的鴨巴甸街的景色，其題名是 View Of Aberdeen Street, Victoria Looking North, Hong Kong, 1846。鴨巴甸是當時英國的外相，故以其名來命名香港仔和這條街道。當年鴨巴甸街以西的上環至西環為華人居住地；以東則為洋人的維多利亞城商業區，明顯帶有差別色彩。（黃天藏）

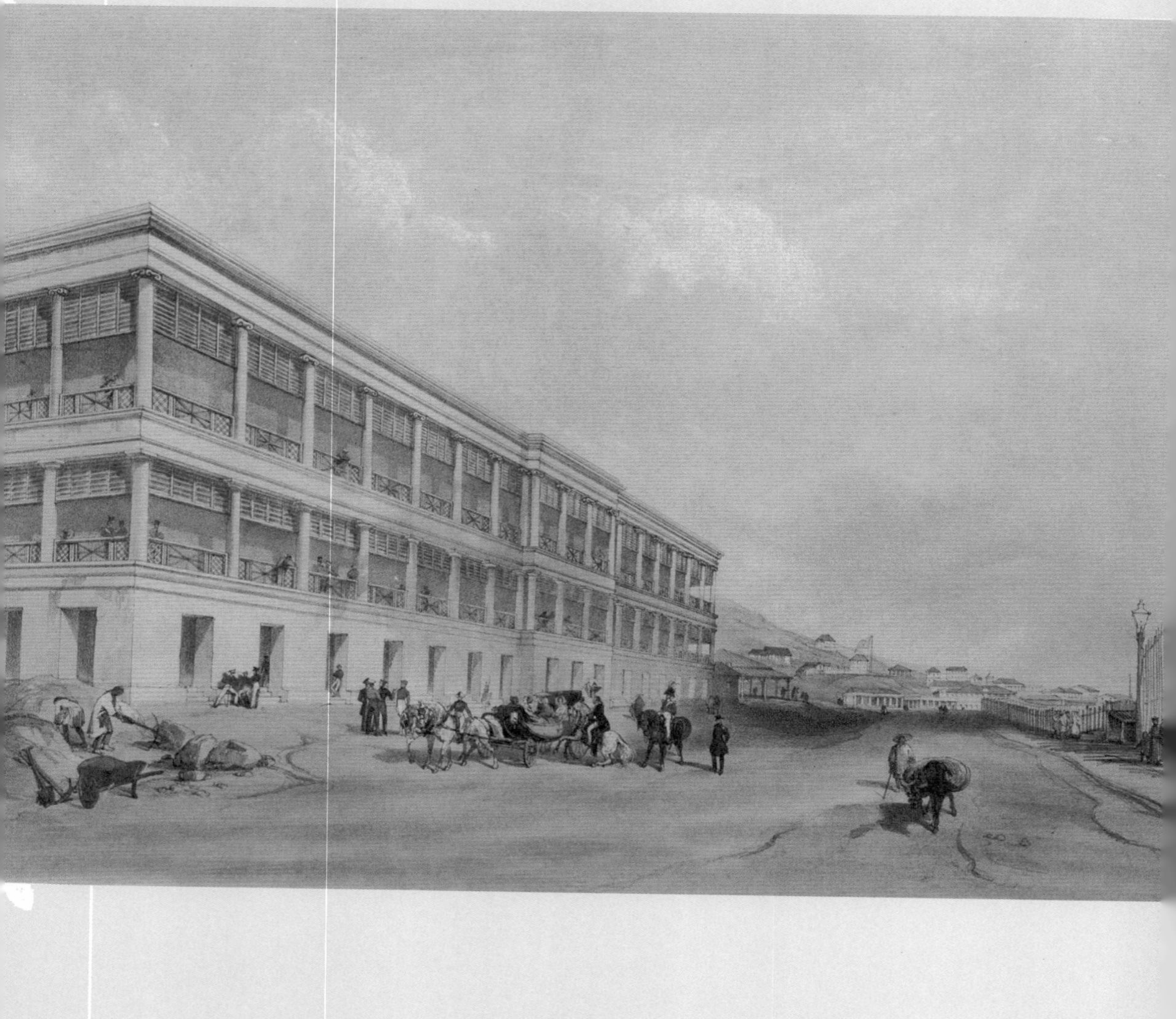

布魯士筆下的美利樓（原為美利兵房的軍官宿舍，今址已改建為中國銀行大廈），黃泥路上有馬車，也有趕牛的，西望中區，山坡上已有不少洋館。（香港藝術館藏）

1854 年的港島風貌，正值《遐邇貫珍》創刊後一年。其時，海面船隻穿梭往還，渡海卸貨，一片繁忙的景象。而港島沿岸建築物如鱗次排開。（畫家佚名，香港藝術館藏）

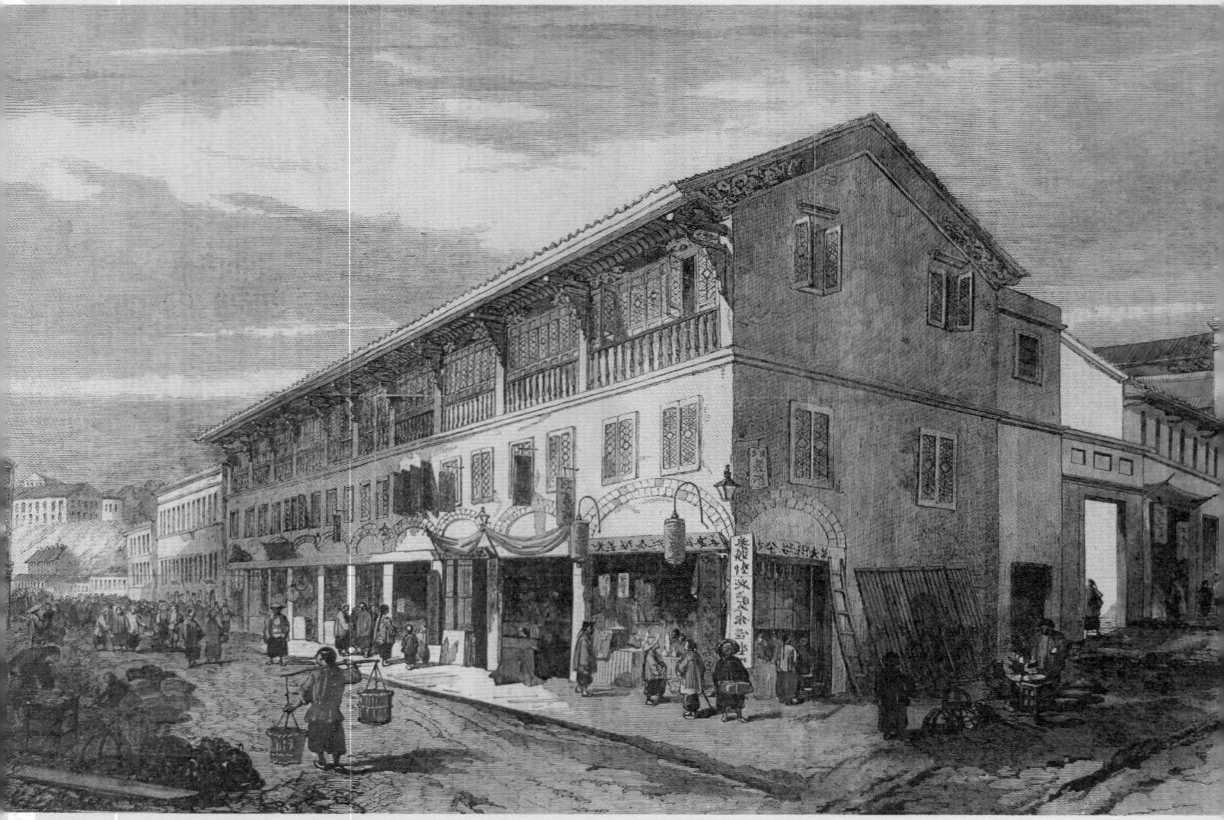

繪於《遐邇貫珍》停刊不久的皇后大道西景色，原題 Victoria Hong Kong：Queen’s Road West，版畫刻製時間是 March 21, 1857。畫中可見一排三層高的樓房，下舖上居，街上熙來攘往，也有露天攤檔，頗為熱鬧。（黃天藏）

上：馬禮遜（R. Morrison, 1782－1834年）是來華傳播基督新教的第一人，同時亦倡辦了英華書院。

下：米憐（William Milne, 1785－1822年）遵照馬禮遜的指示，前往馬六甲創辦《察世俗每月統記傳》，為近代中文報刊的出版打響了頭砲。

麥都思（Walter Henry Medurst, 1796－1857年）繼承了馬禮遜和米憐的「文字播道」，接連創辦多種中文報刊。《遐邇貫珍》亦由他出任創刊主編。

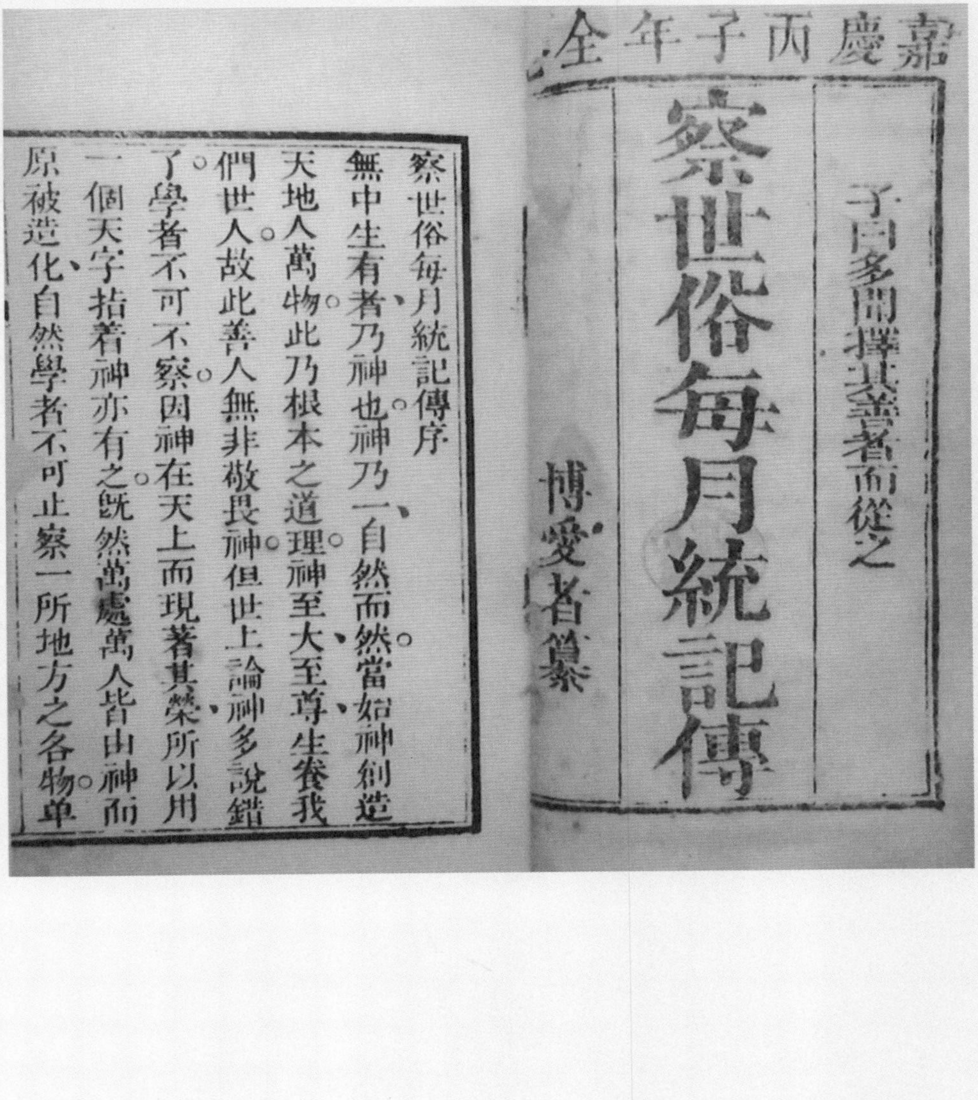
嘉慶丙子年全
子曰多聞擇其善者而從之
察世俗每月統記傳
博愛者纂

察世俗每月統記傳序
無中生有者乃神也神乃一自然而然當始神創造
天地人萬物此乃根本之道理神至大至尊生養我
們世人故此善人無非敬畏神但世上論神多說錯
了學者不可不察因神在天上而現著其榮所以用
一個天字指着神亦有之既然萬處萬人皆由神而
原被造化自然學者不可止察一所地方之各物单

|《察世俗每月統記傳》的創刊號和序言

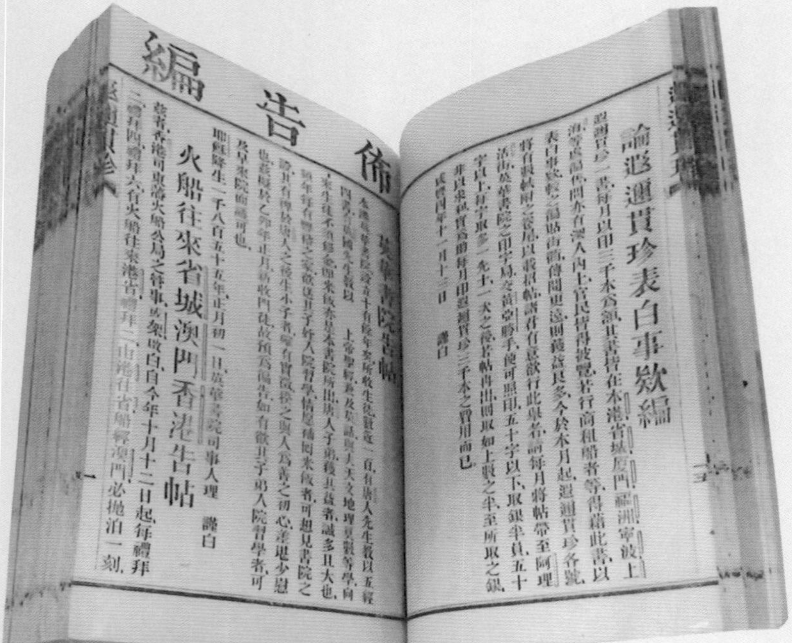

《遐邇貫珍》以線裝書形式出版，這是合訂本。2018 年 11 月，香港英華書院舉行創校二百周年紀念，從倫敦借來合訂本展出。

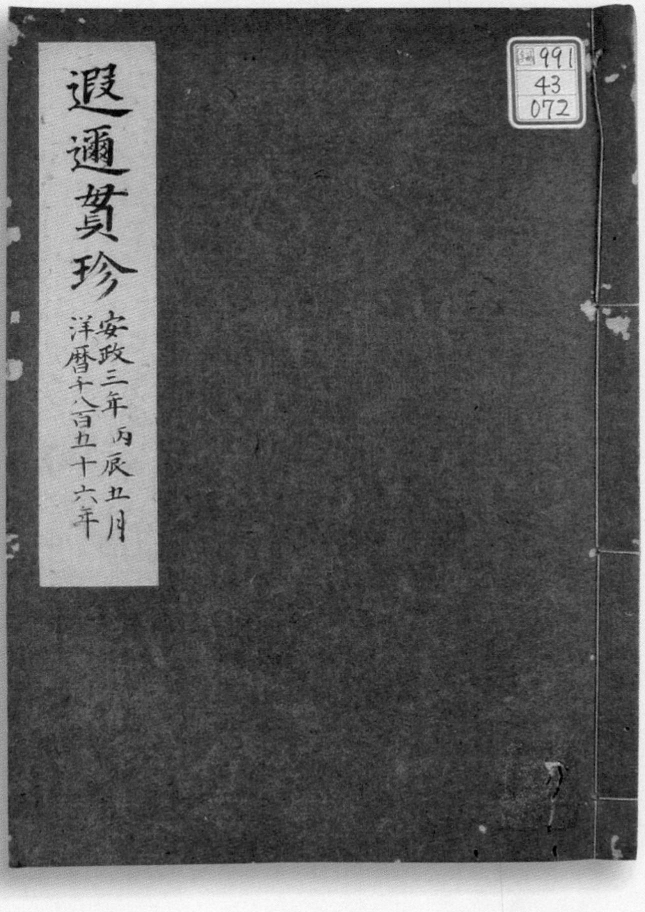

《遐邇貫珍》在日本受到珍視，出現很多抄本。這是幕府末年抄本的封面。（日本公益財團法人鍋島報效会所藏 / 佐賀縣立圖書館寄託）

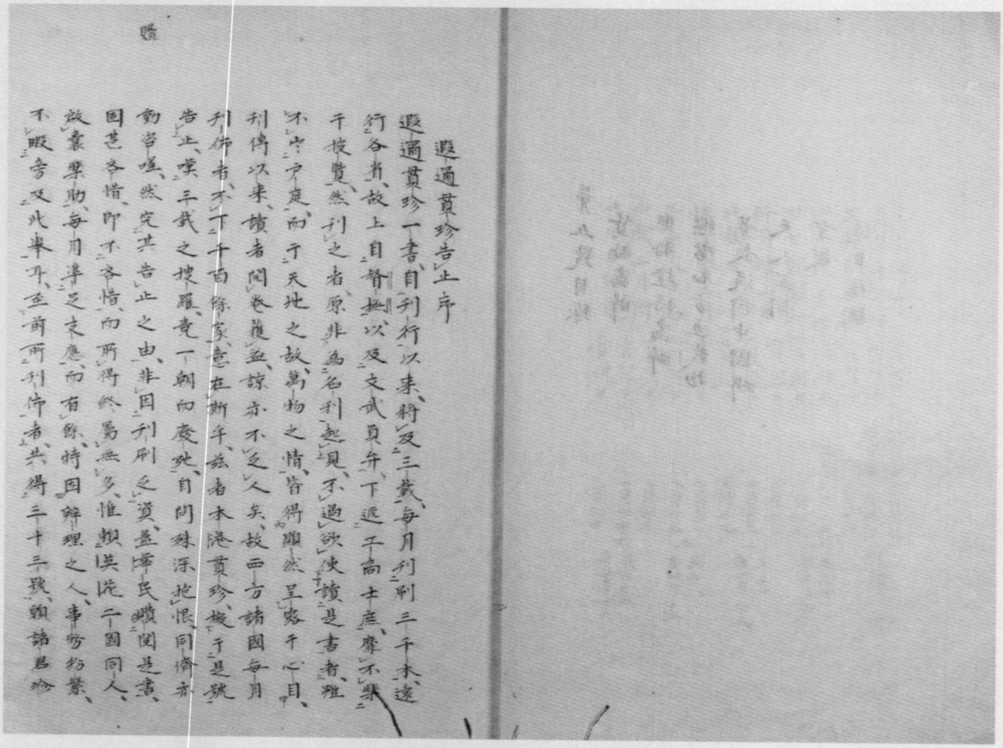

賭

遐邇貫珍告止序

遐邇貫珍一書，自刊行以來，將及三載，每月刊刷三千本，遠行各省，故上自縉紳，以及文武員弁，下逮工商士庶，靡不樂于披覽。然刊之者原非為名利起見，不過欲使讀是書者，雖不出戶庭，而于天地之故，萬物之情，皆得瞭然呈露于心目。刊傳以來，讀者閱卷獲益，諒亦不乏人矣。故西方諸國每月刊佈者，不下千百餘家，意在斯乎。茲者本港貫珍，擬于是號告止，嘆三載之搜羅，竟一朝而廢然，自問殊深抱恨，同儕亦勸咨嗟。然究其告止之由，非因刊刷乏資，蓋華民購閱是書，固甚吝惜，即不吝惜，而所得終屬無多，惟與英漢二國同人，解囊樂助，每月準足支應，而有餘時因辦理之人，事務紛繁，不暇旁及此舉耳。至前所刊佈者，共得三十三號，願諸君珍

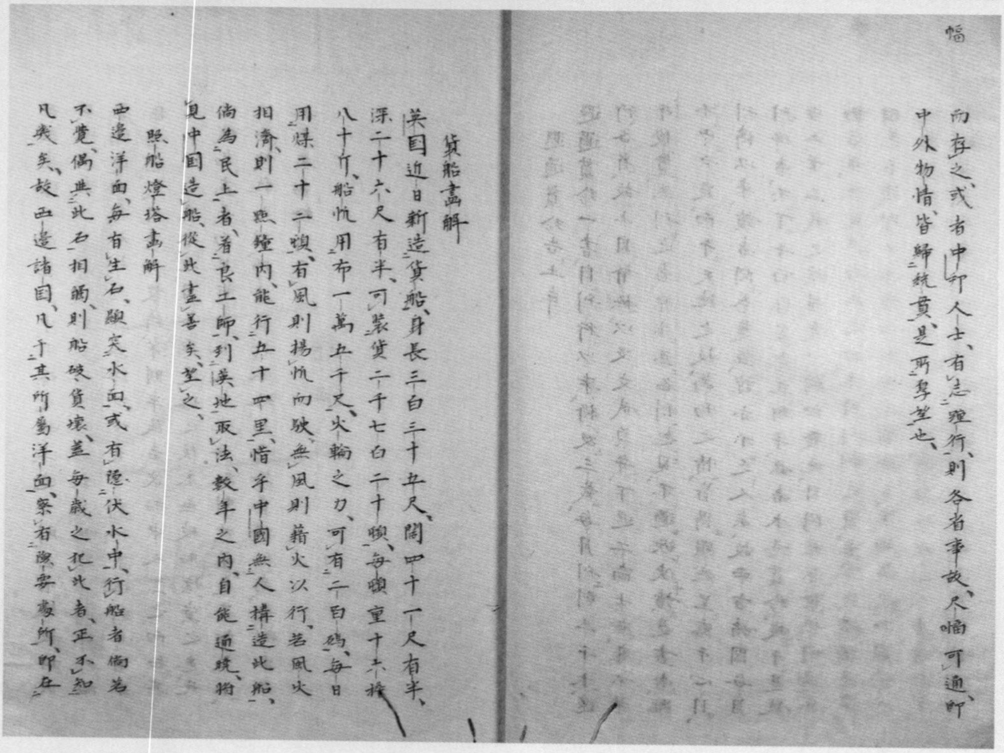

幅

而存之，或者中外人士，有志遊行，則各省事故，尺幅可通，即中外物情，皆歸統貫，是所厚望也。

貨船畫解

英国近日新造貨船，身長三百三十五尺，闊四十一尺有半，深二十六尺有半，可裝貨二千七百二十噸，每噸重十六擔八十斤。船帆用布一萬五千尺，火輪之力，可有二百碼，每日用煤二十二噸，有風則揚帆而駛，無風則藉火以行，若風火相濟，則一點鐘內，能行五十四里，惜乎中國無人構造此船，倘為民上者，着良工師到英地取法，數年之內，自能通曉，將見中国造船，從此盡善矣，望之。

照船燈塔畫解

西邊洋面，每有生石，與突水面，或有隱伏水中，行船者倘若不覺，偶與此石相觸，則船破貨壞，蓋每歲之犯此者，正不知凡幾矣。故西邊諸国，凡于其所屬洋面，察有險要處所，即在

日本公益財團法人鍋島報效会所藏的《遐邇貫珍》抄本內頁。

序

香港，由幾個小村落搖變為國際知名的都會城市，亦可謂華麗轉身——碧主村女變貴婦。考其原由，主要是有得天獨厚的地理環境和地理位置。

香港島位於珠江三角洲南端洋面，海水深湛，可供泊碇，就連夾在港島與九龍半島間的維多利亞港，也可靠泊巨輪，不必如其他城市般，需依靠外港來過渡。所以香港確是不可多得的天然良港。早在鴉片戰爭前，英國的商船遠道而來，常選擇在香港仔瀑布灣補充食水，然後才北上虎門入黃埔港。後來，走私鴉片的船隻也麕集於此。而英國為了要在中國取得「居停」之地，四處展開勘查研究，測量港口的水深，曾有提案選址舟山群島或寧波等地，但最終拍板仍然是香港。因而在一八四二年八月廿九日所簽訂的《南京條約》，英國首選香港，強要清廷割讓香港島，廣州、廈門、福州、寧波、上海則作為五口通商，足見英國垂涎香港已久。事實上《南京條約》簽訂前，英國已急不及待於一年半前的一八四一年二月廿六日佔領了香港。在此之前，香港是隸屬於廣東省新安縣管治的海島。

由新安縣治下的香港，轉變為英國治下的香港，正式開港貿易，鳩工庀材，大興土木，建署造樓，招商營運，漸次成為東方之珠。

上文說到香港變村落為名城，其中主因是擁有天然良港這優越的地理環境，從而使英國作出不二之選。但還有一個重要主因，就是背靠中國大陸的地理位置。

從清末到民國至新中國，香港絕對離不開祖國，由人口的遷徙，勞工的輸入，資金的投進，既促進了生產，也使香港成為舶來商品和內地物產的集散地，強大的買賣消費行為，令香港得以蓬勃發展，躍升為世界都會名城。所以如果只看到因為有英國的管治才有今天的香港，那是完全看不到事實的全面，是片面歸功於英國，無視中國民眾的勤勞建設，南來資金的投放，百多年在英國殖民政府的差別待遇和不公平的政策下，以刻苦勤儉、不屈不撓的精神，千辛萬苦才熬出新天地，建設成好香港。這幾代香港人的貢獻，是不容抹殺的，更應要銘記於心。

歷史不可忘，香港由小村落起步，走出輝煌路，十分值得深入研究。只是在這方面香港似乎着力不足，遠遠不如台灣能在整理日治時期的史料般卓有成效；也落後於日本沖繩縣，對研究和出版琉球國的歷史和被兼併為沖繩縣的史事，取得豐碩的成果[1]。

對香港歷史的分期，如用最簡易的方法來劃分，可以是：一、縣治下的香港；二、英國人治下的香港；三、回歸後的香港。

一、香港早在秦代已被納入中國的版圖，隸屬南海郡[2]。其後，由漢至清，先後歸入番禺縣、博羅縣、寶安縣、東莞縣和新安縣管治。在長逾二千年的歲月中，香港被置於中華帝國的府縣治下。因此，記述這時期的香港史事，當以中文為主，也惟有中文文獻最豐富。其中以保留大量香港歷史資料的嘉慶本《新安縣志》最受推重，更被說成是古代的《香港志》[3]。

二、英國從鴉片戰爭中攫取了香港，從其治下開始，已經刻意將香港建造成一個西方的商業城市，所以至今「香港開埠首一百年的關鍵文獻都被英國人保存着」[4]。至於開港初期的中文史料，就顯得異常匱乏。

三、回歸後的香港，變化很大，幾乎每天都有新聞、新事物，當代人正用他們的行動，為香港的歷史留下足跡與紀錄。

誠然，香港開埠早期的中文資料，確是尠有而又零散。有關香港史的中文專著，要到十九世紀末的一八九四年才面世，那是陳鏸勳著《香港雜記》。全書約三萬字，惜亦不大為人熟知，直到一百年後，內地學者莫世祥來港作學術交流活動，發現躺在圖書館內的《香港雜記》，有「如獲至寶」之感[5]，遂整理再版發行。與此同時，有馬金科主編的《早期香港史研究資料選輯》[6]，是關於香港開埠前後期的史料，但總體來看，〈英國殖民統治下的香港〉所佔篇幅比較少，資料的引用最多是《申報》的報道，其次是《小方壺齋輿地叢鈔》內的出使日記和遊錄等，也有小部分採自《清季外交史料》和鍾叔河主編的《走向世界叢書》。

按《申報》創刊於一八七二年，雖是在上海編輯出版，但版面上常有關於香港的報道。名筆王韜，著有《漫遊隨錄．香海羈踪》，是一八六二年履足香港之後作的，是篇文詞郁茂，筆底生花，只可惜簡短了一些。

較上述資料尤早，卻不大為人注意的《遐邇貫珍》，不僅是香港最早的中文報刊，同時，也是全

---

1 筆者曾經撰著《琉球沖繩交替考》，因而參考了很多沖繩縣出版的有關琉球國歷史的史志，同時看到有對「血戰沖繩島」的研究和關於美軍基地的問題等，都有大量的出版物。而沖繩縣的人口只有一百三十萬，約為香港的六分之一。

2 參見王賡武主編《香港史新編（增訂版）》，香港：三聯書店，二零一七年出版，頁四十三，收霍啟昌著〈十九世紀中葉以前的香港〉。

3 參見劉智鵬、劉蜀永編《《新安縣志》香港史料選》的〈前言〉，香港：和平圖書有限公司，二零零七年。

4 同註2引書，王賡武的〈序〉文。

5 參見陳鏸勳著、莫世祥整理《香港雜記》的〈序言〉，香港：三聯書店，二零一八年。

6 馬金科主編《早期香港史研究資料選輯》上、下冊，香港：三聯書店，二零一八年。

中國第二早的報紙[7]，可見其地位之顯赫。《遐邇貫珍》創刊於一八五三年八月，以月刊形式出版，至一八五六年五月後停刊。

《遐邇貫珍》由香港英華書院印行。英華書院於一八一八年在馬六甲創立，一八四三年遷校來港，是香港最早三間西方學校的其中一所[8]。當年辦學的傳教士，不忘出版刊物，傳播基督，推介西方科技新知，乃有創辦《遐邇貫珍》之舉，並先後由麥都思、奚禮爾、理雅各當主編。《遐邇貫珍》的印行，是中國報刊發展史上的一個重要里程碑，比較之前早出的幾份中文刊物更有所提升，內容更加豐富。時至今日，它應是對研究基督教的東方傳道史、西學東漸的發展史和太平天國史等方面，具有極高的參考價值。

日本自幕末開始，就爭讀《遐邇貫珍》，在無法購得的情況下，以傳抄來流佈。他們十分關注《遐邇貫珍》報道的「黑船事件」[9]，以及羅森的〈日本日記〉。這些資料，後來更被日本收錄在「開國起原」的史料叢刊中。

我國學者最早對《遐邇貫珍》展開研究的，首推王重民。他在一九四零年代留學英國，在大英博物館圖書館東方部閱覽了《遐邇貫珍》，發現該刊連載外國人對太平天國的見聞和報道，不禁大為欣喜，遂抄錄下來。迨後，這些抄錄自《遐邇貫珍》的資料，被編入《太平天國史料》而於一九五零年出版。一九五九年，還由北京中華書局再版。[10]

《遐邇貫珍》作為香港印行的報刊，除了上述的資訊外，有很大一部分的篇幅是報道香港的英國管治、香港的經濟和民生等方方面面，時距香港開埠才十數年，資料之珍貴，由此可知。從來對於文獻資料來說，愈接近歷史事件發生的時代所作的記錄，愈接近歷史原貌，愈有研究價值。

《遐邇貫珍》共出版三十二期。筆者研究《遐邇貫珍》是從培理扣關日本的「黑船事件」開始，已三十多年，現再次審視研讀，將與香港有關的資料勾出，然後歸類彙編，得十四章，依次為：督憲政令、戶籍人口、立法定例、財政稅收、貿易通貨、外交往還、治安防禦、緝剿海盜、司法審理、出洋勞工、港務船政、海難事故、社會民生、廣告啟事，總共約有八萬字，可以說是香港開埠初期中文史料的一次增補。為便於閱讀，各章前均加解題，後附註釋，並就《遐邇貫珍》的研究，寫成〈前言：《遐邇貫珍》瑰寶滿卷〉，並將兩篇舊作附錄於後，取書名為《《遐邇貫珍》香港史料類鈔》。

自惟學殖譾薄，兼涉塵事，不當之處，尚祈專家學者進而教之。

庚子世紀疫症年黃天於愧書劍齋

---

7 參見松浦章、內田慶市、沈國威編著《遐邇貫珍・附解題・索引》，上海：上海辭書出版社，二零零五年，頁十五，松浦章的論文談到《東西洋考每月統記傳》於一八三三年在廣州創刊。

8 參見李志剛著《基督教與香港早期社會》，香港：三聯書店，二零一二年，頁四十五。

9 培理率領的美國遠東艦隊，於一八五三年七月八日開到江戶灣的浦賀港。當時，為了防腐和防水，船身塗上漆黑的瀝青，煙囪噴出滾滾的濃厚黑煙。日本人驚見黑漆的巨船，便喊着：「黑船來了！」而培理向日本的扣關，史稱「黑船事件」。

10 同註7引書，頁四十五。

目錄

前言：《遐邇貫珍》瑰寶滿卷

刊名《遐邇貫珍》，已道出文章如聯珠珍寶，名播遠近。遐，遠也；邇，作近解。《尚書・太甲下》有句：「若陟遐，必自邇。」又《史記・司馬相如傳》的「遐邇一體，中外提福，不亦康乎？」似與刊名甚配當。而「貫珍」，恰如古人說：「連珠貫玉合成章。」更淺易的解釋就是將遠近的珍聞、消息串連一起，以月刊形式梓行。如此刊名，遠勝於早前同是西方傳教士創辦的《察世俗每月統記傳》、《東西洋考每月統記傳》，失之既冗長又欠明晰之弊。

《遐邇貫珍》創刊之際，請來保定章東耘題詞賀贊。這位章東耘名不見傳錄，至今仍未被考出何許人也。但從他題的兩首賀詩來看，可見他與西方傳教士的交情非淺，故能深悉創刊的宗旨和出版理念。同時，他對於西學，似乎也頗有認識，肯與以支持，鼓吹提倡。〈題詞〉如下：

創論通遐邇，宏詞貫古今；幽深開鳥道[1]，聲價重雞林[2]。
妙解醒塵目，良工費苦心；吾儒稽域外，賴爾作南針。
秉筆風存古，斯言直道行[3]；精詳期實用，褒貶總公評。
一氣聯中外，同文覩治平；坤輿誇絕異，空負著書名。按西洋南懷仁有坤輿外紀入四庫全書[4]

保定章東耘題

詩意是：創新的論說，播通遠近；宏篇詞翰，連貫古今。其幽深遙遠處，能如鳥道般開通穿越；其聲價鵲起，連朝鮮也十分看重。巧妙的解說，若使世俗人開眼醒悟，這就要費盡良工的一片苦心（雕版印刷）。我等儒學之士，如要研習域外西學，便可依靠本刊作為南針。

詩二：執筆為文仍存古風，此等言論乃推行正直之道。精確詳密中冀求取得實用，無論褒與貶，總會作公允評說。通天下之一氣能聯中外；同用漢文（《遐邇貫珍》是由洋教士創辦和作主要編寫人，但他們也同樣使用漢文）可以閱覽到昇平安定的景象。《坤輿》被誇為絕異名作，卻空有著書撰作之名。

南懷仁是天主教耶穌會的傳道人，甚得康熙帝器重，出掌欽天監，所製《坤輿全圖》是繼利瑪竇的《坤輿萬國全圖》之後又一巨製。南懷仁另著《坤輿圖說》二卷，收在《四庫全書．史部

1 險絕的山路，只有飛鳥才可穿越。

2 古國名，即新羅，也稱新羅雞林，位在朝鮮半島南部，全盛期曾佔據大半個朝鮮半島，後來為高麗所滅。

3 正直之道。

4 南懷仁（一六二三至一六八八年），字敦白，比利時人，年十八進耶穌會。一六五七年來華，曾與湯若望同繫獄。後釋出，受康熙帝重用，供職欽天監，主持輿地測量工作。康熙十三（一六七四）年，所製《坤輿全圖》首次刊行，圖分世界兩半球，是歷史地理學的珍貴文獻。南懷仁並著有《坤輿圖說》二卷和《坤輿外紀》一卷。而獲選入《四庫全書》的是《坤輿圖說》（參考自徐宗澤編著：《明清間耶穌會士譯著提要》，北京：中華書局，一九八九年，頁三一八至三二零、三九零至三九二。又方豪著：《中西交通史．四》，台北：華岡出版社，一九七七年，頁一八五至一八六）。《四庫全書》評《坤輿圖說》：「然核以諸書所記，賈舶之所傳聞，亦有歷歷不誣者，蓋雖有所粉飾，而不盡虛構，存廣異聞，固亦無不可也。」而章東耘的夾註中，誤認《坤輿外紀》被收入《四庫全書》，已見沈國威教授指出（參見沈國威、內田慶市、松浦章編著：《遐邇貫珍．附解題．索引》，上海：世紀出版集團，二零零五年，頁九十六，沈國威著〈《遐邇貫珍》解題〉）。然沈教授的訂正文：「收入《四庫全書》的南懷仁的著作應為《坤輿圖》，書名誤記，章氏一時的筆誤，還是根本就沒有讀過原書，則不得而知。」卻又出現誤記，寫成《坤輿圖》，漏一「說」字，正確是《坤輿圖說》被收進《四庫全書》。

地理》。章東耘與基督新教的傳教士稔交，在頌揚《遐邇貫珍》創刊之餘，有意貶抑了耶穌會士南懷仁的著作。《遐邇貫珍》是否恰如章東耘所說，能「醒塵目」、「作南針」，「聯中外」、「通遐邇」呢？且讓下文分解。

一、《遐邇貫珍》刊行的時代背景

《遐邇貫珍》刊出的年月為一八五三年（咸豐三年）八月至一八五六年（咸豐六年）五月，歷經般含、寶靈兩港督。其時，香港島（不包括九龍半島及新界）落入英國人手中才十數年。英國政府曾撥出《南京條約》中所取得賠款的一部分，分期交付給香港，作為開埠基建和港府的營運費用[5]。但到了這個時期，已所餘無幾。當時香港島的人口還不到六萬，唐人商鋪也不過三千[6]。製造業方面，大多處於待機起業的階段；進出口貿易雖然取得發展，但帶來的稅收不是很豐

遐邇貫珍

題詞

創論通遐邇、宏詞貫古今、幽深開鳥道、聲價重鷄林、妙解醒塵目、良工費苦心、吾儒稽域外、賴爾作南針、

秉筆風存古、斯言直道行、精詳期實用、褒貶總公評、一氣聯中外、同文覩治平、坤輿誇絕異、空負著書名、（按西洋南懷仁有坤輿外紀入四庫全書）

保定章東耘題

1

右：《遐邇貫珍》創刊號題詞

左：傳為錢納利繪於 1846 年的皇后大道街景。左為香港會所，右為郵政局（今華人行）。

厚，反是肥了鴉片貿易商。港府長期入不敷支，在窘迫中，開始賣地生財，收轉虧為盈餘之效，從而為香港政府開了一條百多年採之不竭的財路。此時，沿海一帶海盜猖獗，出洋勞工引發出「賣豬仔」的勾當，成為國際關注的嚴重問題。

中國內地，太平天國金田起義之後僅僅三年，便已攻克南京而定都，改稱天京。

歐洲方面，首先有俄羅斯跟土耳其開戰，繼而英、法加入，聯結土耳其，與俄國戰於克里米亞半島。

美國在此時期戰勝墨西哥，奪取了墨國北面的大片土地，並為開發加州，需要輸入大量勞工。同時，派出遠東艦隊前往日本扣關，威嚇強迫開港貿易。

日本志士注意到中國在鴉片戰爭中敗於

5 參見張連興著《香港二十八總督》，香港：三聯書店，二零一八年，頁五三。

6 數字見《遐邇貫珍》，詳本書第二章〈戶籍人口〉。

2

英國，德川幕府已無法保衛國家，思考倒幕攘夷、皇政復古的救國之道。

二、早期報紙與雜誌的混稱

我國自唐代有「邸報」之出[7]，沿襲至清，易名「京報」。這些專記朝廷上諭、官吏升降、奏摺稟議的通報，有研究中國報學史鼻祖之稱的戈公振，將這些「邸報」、「京報」統稱為「官報」[8]。

迨十九世紀，西方報刊東傳，其印製和內容有別於「官報」，戈公振將近代西方報紙的特點歸納為四要點：一、公告性、二、定期性、三、時宜性、四、一般性[9]。這裏稍為說明一下：一、公告性，即公開發行；二、定期性是指同一刊名定期在每月、每週或每日持續刊出；三、時宜性，即新聞、新知，廣義上而言是一切有新聞價值的材料；四、一般性是指內容具有一般趣味而又是多方面的。

上述四要點，基本上是辦報的主要元素，但經過近百年發展，也起了一些變化。如「四、一般性」本是面向普羅大眾的報紙，但近今已有專門讀者對象的報紙。如財經報、體育報、賽馬報及釣魚報[10]，甚至有些國家、地區竟容許出版尋芳色情報等，已不是以一般趣味面向普羅大眾的報紙了。

接着要談的是「二、定期性」。今天說到報紙，馬上會意識到是每日出版的日刊；如裝訂成冊，每週或每月出版的，則稱為雜誌。這是今天對報紙、雜誌的大致分類。但原來近代報紙的發展，早期因為交通不是十分便捷，電報還沒有發明，因而信息量不是很多，故初期的報紙並非日刊。這裏可以追溯到被稱為報界始祖之一的德國人愛梅氏（E. Emmel），於一六五一年創辦的《佛朗克福特報》（*Das Frankfurter Journal*），正是以週刊出版的[11]。據此，可知早期報紙和雜誌的分別不是十分清晰，往往會將月刊誌稱為報紙，就算在論述上已定其為雜誌，但後來在行文上又說成是報紙。如戈公振已將《察世俗每月統記傳》歸類為雜誌[12]，但後文卻強調：「《察世俗每月統記傳》出，是為我國現代報紙之第一種。」[13]似此情況亦見於其他學者。

近年，我國的新聞學研究者認為：報紙的出版周期由長而短，從月刊逐步發展為日刊，其中內容和版式，都有一個變化和相互影響的過程，是以將十九世紀萌芽期出版物泛稱為「報刊」[14]。

三、《遐邇貫珍》創刊前的中文報刊

《遐邇貫珍》是由西方的傳教士創辦的，在此之前，他們還創辦了幾份近似的刊物，其中包

---

7 戈公振雖然指出「邸報」可能在漢代已出現，但近今的學者黃卓明、梁家祿、鍾紫、趙玉明、韓松、方漢奇等認為還缺乏強而有力的證據說明漢已有邸報，支持始於唐之說。參見卓南生著《中國近代報業發展史：一八一五－一八七四》，北京：中國社會科學出版社，二零零二年，頁六第5條註釋。

8 參見戈公振著《中國報學史》，香港：太平書局，一九六四年，頁二二至六三。

9 同註8引書，頁七至一八。

10 日本的釣魚報會刊登釣魚具的情報，也有海流、潮汐、魚踪、魚獲等的消息。

11 參見《最近之五十年——申報館五十周年紀念》，原出版於一九二二年，上海書店一九八七年影印再版。其內收秦理齋譯美國 James Edward Rogers 的〈世界報紙進化小史〉；又同註8引書《中國報學史》，頁三五三。

12 同註8引書《中國報學史》，頁六五。

13 同註8引書《中國報學史》，頁三六八。

14 參見卓南生著《中國近代報業發展史：一八一五－一八七四》，頁五註釋1。

括戈公振提及的《察世俗每月統記傳》。何以早期萌芽的中文報刊都是由西方傳教士創辦、主編的呢？其影響有多大？下面就一同來探討。

十八世紀中葉，英國率先推動工業革命，並繼續以武力開闢海外殖民地，一躍而成為世界頭號殖民帝國。與此同時，在英國有着國教地位的基督教，亦積極向東方傳道，而且目標放在萬邦來朝的中華帝國。

一八零七年，倫敦傳教會（London Missionary Society）委派傳教士馬禮遜（Robert Morrison，一七八二至一八三四年）來華傳播基督，計劃是讓他更好地學習華語，以便將聖經譯成中文，印刷出版，傳播福音。

馬禮遜不但是基督新教第一位來華的傳教士，而且從他於一八零七年九月四日踏足澳門那一刻開始，便標誌着中西文化交流的一頁重要篇章給翻開了。聰明的馬禮遜，背負着使命，在廣州廢寢忘餐地努力學習，不到九個月，便學曉了官話和廣東方言，並開始他的譯著。但為了取得在廣州和澳門的居留認可，馬禮遜被迫調換角色，須在英國東印度公司任職，然後低調地開展傳教工作。

一八零九年底，馬禮遜寫信給倫敦傳教會，希望盡早增派一位傳教士來協助他傳教，這也是教會在一八零四年作的決定，認為有必要派兩位傳教士到中國[15]。而被選上的是出生於蘇格蘭北部的米憐（William Milne，一七八五至一八二二年）。他在一八一三年七月四日來到澳門，即受到馬禮遜的歡迎，並安排他到廣州沒天沒夜地學習中文，就連神學與聖經都要擱在一旁。五個多月後，米憐的中文突飛猛進，基本上能寫會講。

但米憐的身份，不能長居於粵，也不為澳門天主教所容而得以立足。馬禮遜着米憐往南洋一帶考察，選擇一處不受政治干擾的地方作為據點，然後支援對華的傳教工作。米憐考察回來，和馬禮遜商定選址馬六甲。

一八一五年四月十七日，米憐偕同妻女、中文教師、印刷工人梁發等，裝載大批圖書和紙張，乘船南下。五月二十二日抵達馬六甲[16]。令人驚訝的是三個月不到，米憐就編輯出版了《察世俗每月統記傳》（以下簡稱《察世俗》）。其英文刊名為 *Chinese Monthly Magazine*）的創刊號，以後每月持續出版，直至一八二二年二月後停刊[17]。《察世俗》的出版，雖以傳教為目標，但正如米憐所指：「知識與科學是宗教的伴隨，都是有助於美德。」米憐耗費最多的時間是在編寫《察世俗》，幸然《察世俗》也為他身後留名，因為《察世俗》後來被公認為最早的中文期刊，也是中文報刊的創始性刊物。

15 參見蘇精著《中國，開門！馬禮遜及相關人物研究》，香港：基督教中國宗教文化研究社，二零零五年，頁九，引倫敦傳教會一八零四年七月三十日的理事會決議：「本會認為，翻譯中文聖經是有利於基督教的最重要目標之一，而達成本目標最合適而且有效的方法，是有兩名居住在中國、檳榔嶼或澳門的傳教士。」

16 同註15引書，頁一四三。

17 歷來很多學者都將《察世俗每月統記傳》的終刊期定在一八二一年。如新加坡學者卓南生的名著《中國近代報業發展史》（頁一八）提到：「《察世俗》創刊於一八一五年（嘉慶二十年）……一直持續到一八二一年（道光元年）」，同書三十八頁，卓先生又描述：「一八二三年，也就是《察世俗每月統記傳》停刊後兩年。」又如松浦章教授的論文〈《遐邇貫珍》所描述的近代東亞世界〉，就說：「一直到一八二一年十二月停刊。」（見《遐邇貫珍．附解題．索引》，頁十五）沈國威教授在同上引書頁九十一的論文〈《遐邇貫珍》附解題〉中，也指出《察世俗》的終刊期是一八二一年。但筆者在香港中文大學收藏的《察世俗》微縮菲林中，看到最後一期的刊年為「道光壬午年」。據此可知是年乃「道光二年」，即一八二二年。可惜該卷封面已告殘缺，故無法看到刊出月份。筆者再翻檢該號的最後一頁，有「道光二年二月初五日……」的年款，可知此為終刊期。因二月以後，米憐已告病重，延至六月二日逝世。台灣學者蘇精則將《察世俗》的刊期作前後八年算：「而本刊出版八年（一八一五至二二）」（參見《中國，開門！馬禮遜及相關人物研究》，頁一五三），但沒有指出一八二二年是哪一個月停刊。

1818 年，在馬禮遜的倡議和指示下，米憐在馬六甲創辦了英華書院。

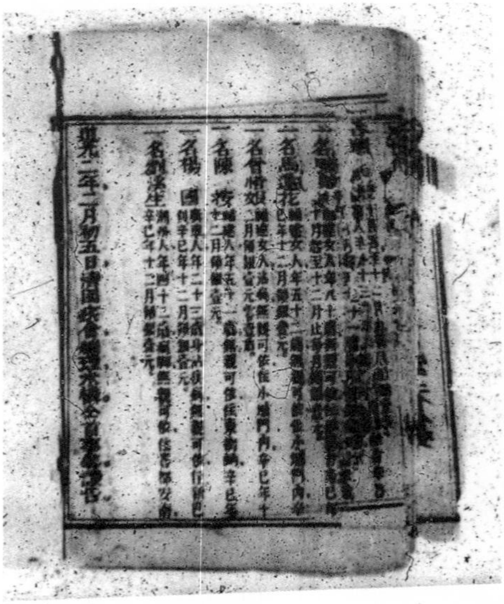

《察世俗》最後一期封面出現殘缺，未能顯示刊行的月份。此圖是該號最後一頁，有「道光二年二月初五日，濟困疾會總理米憐」句。遂知終刊期是道光二年（1822）二月。

米憐病重前出版的最後一期《察世俗每月統記傳》，出版年是道光壬午，即 1822 年。據此可以推翻《察世俗》是在 1821 年 12 月停刊之說。

一八一八年初，馬禮遜指示米憐創辦英華書院（Anglo-Chinese College），而且集了資，他還是主要的出資者。當英華書院落成，馬禮遜即委任米憐為第一任院長。英華書院建校的目標有二：一是教導中國人學習英語和西方科技以及培訓歐洲人通曉中國語文；二是傳播基督教。

可惜米憐積勞成疾，年方三十七歲，便於一八二二年六月二日病逝。馬禮遜痛失最可靠的同工，為此專程前往馬六甲，處理和善後這個佈道站的事務。其後，馬禮遜仍然在廣州為英華書院籌謀經費，並隔空指示傳道工作，耗竭不少心力。一八三四年八月一日，馬禮遜在廣州以肝疾而終，年五十三。

馬禮遜作為來華傳播基督新教的第一人，翻譯了聖經，編輯出版了英漢辭典，使後來傳教者容易掌握中國語文，可以迅速投入宣教工作。而米憐秉承馬禮遜的旨意，出版書刊，開辦學院，成功開拓出「文字播道」和「教育播道」兩條路線，成為後來者所遵行的傳道妙法。其中「文字播道」承接《察世俗》餘風的，便有《特選撮要每月紀傳》和《東西洋考每月統記傳》。

一八一七年麥都思（Walter Henry Medurst，一七九六至一八五七年）被派到馬六甲，協助米憐「文字播道」。麥都思出生於倫敦，接受過初中程度教育後，十四歲便入印刷廠當學徒。其後應聘成為倫敦傳教會的印刷技工。當派赴馬六甲時，他裝載了印刷機，一起登程東行。麥都思勤奮好學，抵馬六甲後，一邊主持印務，一邊學習中文和馬來文，並曾在米憐休病假時，代掌書院教務及編印書刊。一八二零年，麥都思升任為傳教士[18]，是繼馬禮遜、米憐之後，基督新教的第三位中國傳教士[19]。同年九月，麥都思被派到檳榔嶼，後來再派赴巴達維亞（今雅加達）佈道

18 同註15引書《中國，開門！馬禮遜及相關人物研究》，頁一六六。

19 同註15引書，頁二九五。

站工作。米憐病逝後一年（一八二三），麥都思繼承其遺志，感觸地記述：「一位老先生，仁愛之人已過世了」，他曾出版《察世俗》，「弟要成老兄之德業，繼修其功」，「繼續此《察世俗》書，則易書之名，且叫做《特選撮要每月紀傳》」（*Monthly Magazine*）[20]。後來，有評說《特選撮要》是《察世俗》的「巴達維亞」版，其內容不改側重說教一途。《特選撮要每月紀傳》從一八二三年出版，持續至一八二六年停刊。關於停刊的原因，可能與麥都思忙於編輯辭典有關[21]。

接《特選撮要》而上的，是一八二八年創刊的《天下新聞》（Universal Gazette）。創刊人是吉德（Samuel Kidd，一七九九至一八四三年），他在英國有幸得到回英度假的馬禮遜親自教授了中文。一八二四年，吉德被派到馬六甲，首先在英華書院深造中文，其後轉作中文教師。一八二八年擢升為院長，並創辦了《天下新聞》，是繼《察世俗》之後，又一次在馬六甲辦的中文報刊。該刊連載了麥都思編撰的《東西史記和合》，可見麥都思對該刊的支持。但《天下新聞》發刊一年後，吉德因為妻子身體欠佳，最終要折返英國，在無人接編下而告停刊[22]。

上述三種報刊，創刊人都是英國人，而且同是倫敦傳教會的傳教士，也一同接受馬禮遜的指導，故行事較為謹慎，並以文字播道為宗旨，先在東南亞編印出版書刊，然後分送到中國東南各省市，進行宣教。但接着下來的《東西洋考每月統記傳》（以下簡稱《東西統記傳》）[23]，英文刊名為 *Eastern and Western Ocean's Monthly Investigation*），創刊人郭實臘（Gutzlaff, Karl Friedrich August，又譯作郭士立或郭施拉，一八零三至一八五一年）是德國人，一八二四年受荷蘭佈道會派到暹羅傳教，跟當地的華僑學會了福建方言[24]。其後，被派往巴達維亞，因而與倫敦傳教會交往多了，更跟隨學習中文和馬來文。一八二九年，加入倫敦會，轉到馬六甲。兩年後，郭實臘乘中國船，前往天津派發傳教小冊子和藥品。一八三二年，受聘為英國東印度公司的翻譯，乘坐阿美士德號船北上廈門、福州、寧波、上海等地，與船長里斯（Captain Rees）和東印度公司的高層人士胡夏米（Huyh Hamilton Lindasy）偵察中國沿海的軍情，將海港的炮台分記，更繪製成航海圖。郭實臘將這些資料整理，提供給英國，更力主用武力強迫清朝政府開放港口[25]。

活躍而又愛冒險的郭實臘，經過一番籌備，於一八三三年八月一日刊行《東西統記傳》，而編刊地點，與《察世俗》等報刊以東南亞為據點不同，是直接來到中國的廣州出版，這就使《東西統記傳》成為中國境內最早出版的中文報刊。郭實臘不但在刊行地點上有突破，就連刊物的內容也大變，那是一反過去《察世俗》等以宣教為中心，轉而為宣傳西方的歷史、文化，用意是希望改變中國人對西方人的觀感，不要以夷人視之。他引中國古諺：「四海之內皆兄弟」，強調「合四海為一家，聯萬姓為一體，中外無異視」[26]。郭實臘除連載了麥都思的《東西史記和合》外，加刊地理等新知，更增闢「新聞」欄，介紹西洋國事。雖然有評論指介紹各國歷史不能算作新聞，但以道光年間中國人對歐美各國知之甚淺，這些西洋國事，也就成為新知、新聞了。其時，廣州的華洋貿易除了走私鴉片之外，一些正規的商品也是買賣暢旺的。華商亦非常關注行情價

20 同註14引書《中國近代報業發展史》，頁二二一刊出的《特選撮要每月紀傳》序文影件。

21 同註14引書《中國近代報業發展史》，頁四三。

22 同註14引書《中國近代報業發展史》，頁四三至四四。

23 大多學者會將《東西洋考每月統記傳》簡稱為《東西洋考》，但這與明萬曆年間張燮著《東西洋考》同名，因此為避免誤認，乃簡稱為《東西統記傳》。

24 參見《近代來華外國人名辭典》，北京：中國社會科學出版社，一九八一年，頁一八四。

25 同註24引書，頁一八四；又註14引書《中國近代報業發展史》，頁四六。

26 參見《東西洋考每月統記傳》的〈序〉文。

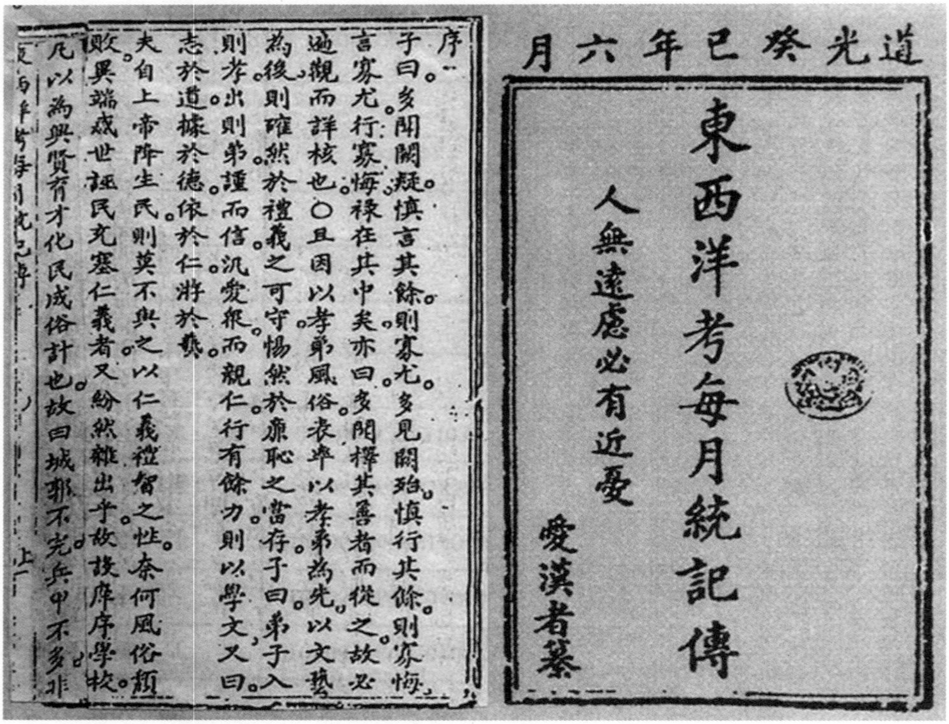

道光癸巳年六月

東西洋考每月統記傳

人無遠慮必有近憂

愛漢者纂

序

子曰。多聞闕疑。慎言其餘。則寡尤。多見闕殆。慎行其餘。則寡悔。
言寡尤。行寡悔。祿在其中矣。亦曰。多聞擇其善者而從之。故必
遍觀而詳核也。○且因以孝弟風俗。表率以孝弟為先。以文藝
為後。則確然於禮義之可守。惕然於廉恥之當存。子曰。弟子入
則孝。出則弟。謹而信。汎愛衆。而親仁。行有餘力。則以學文。又曰。
志於道。據於德。依於仁。游於藝。
夫自上帝降生民。則莫不與之以仁義禮智之性。奈何風俗頹
敗。異端惑世誣民。充塞仁義者。又紛然雜出乎。故設庠序學校。
凡以為興賢育才。化民成俗計也。故曰城郭不完。兵甲不多。非

1833 年 8 月在廣州面世的《東西洋考每月統記傳》，被認定為最早在中國印行的近代中文報刊。

格，為迎合這方面的盼求，《東西統記傳》自一八三四年二月至五月號，刊出〈省城洋商與各國遠商相交買賣各貨現時市價〉[27]，供生意人參考。這樣由中文報刊刊出的商品行情資訊，又以《東西統記傳》為嚆矢，而且影響到後來中文日報用以創刊的重要欄目。

《東西統記傳》刊行兩年多，便於一八三五年停刊。主要原因有說是郭實臘愈來愈忙。但轉眼不用兩年，《東西統記傳》即於一八三七年一月復刊。不過出版地不再是廣州，而是轉移到新加坡，但編者仍然是郭實臘，並增多一名健將，他就是馬禮遜的兒子馬儒翰（John Robert Morrison，一八一四至一八四三年）。然而郭、馬二人是在廣州主持編輯工作的。復刊後的《東西統記傳》，加強鼓吹東西方貿易，指出「開廣通商，外內兩相有益矣」[28]。同時，他們發表了一些評論文章，大談鴉片之流弊，令戈公振感慨地說：「可見當時教會中人，亦不直鴉片貿易。」[29]惜戈公振並不熟知郭實臘的雙面人格——曾獻計英商通過賄賂達成鴉片貿易[30]，看不出狐狸的尾巴來。就在鴉片戰爭爆發的前夕，《東西統記傳》便再次停刊。鴉片戰爭期間，郭實臘隨英軍北上，任翻譯兼情報官，並且是《南京條約》談判的英方翻譯之一。另一翻譯馬儒翰，是義律及其繼任者璞鼎查的隨員和主要翻譯，被倚為左右手，他更是第一份中英不平等條約的實際

27 參見註14引書《中國近代報業發展史》，頁五六的相關圖照。
28 同註14引書《中國近代報業發展史》，頁五五。
29 同註8引書《中國報學史》，頁三七四。直與值通。
30 同註14引書《中國近代報業發展史》，頁五九。

起草者[31]。

一八三五年馬禮遜過世後第二年，倫敦會派麥都思從巴達維亞到中國考察，並參加修訂翻譯聖經的工作。一八三八年十月，麥都思帶領奚禮爾在廣州編刊一份三至七頁的通訊報，名為《各國消息》，每月初一出版。該刊沒有宣揚基督的文章，很大程度參考了《東西統記傳》介紹各國的概況和商品行情價格，並以此二項信息編入刊物。但出版了數期，越年之後就遇上查禁鴉片，洋人辦的《各國消息》遂告停刊。由於《各國消息》的內容僅得幾頁簡訊，又只刊出幾期，流佈不廣，故起的作用不大。

四、香港最早的中文報刊《遐邇貫珍》

鴉片戰爭之後，形勢急轉，歐美的商貿客和傳教士紛紛湧往已開放的五口，爭先恐後地活動起來。遠在馬六甲的英華書院校長理雅各（James Legge，一八一五至一八九七年）也於《南京條約》簽訂後，急忙寫信給馬禮遜的兒子馬儒翰，建議遷校到中國，請馬儒翰作出指示。後者覆函表示不贊成遷校到中國管轄的地方，而是「把我們自己的學校建立於英國的領土上，而香港，正如我以前說過的，就是這塊地方。……你要趕緊，我親愛的理雅各，趕緊安排好把學校安放在香港」[32]。一八四三年，英華書院由馬六甲遷校來港。當時，比英華書院早一年開辦的教會學校有「宏藝書塾」，而「馬公書院」（Morrison Education Society School）也是在一八四三年由澳門遷至香港[33]。

英華書院遷港後，續由理雅各當校長。這位醉心中國傳統文化的理雅各，是馬禮遜的再傳弟子，因為他的老師吉德，是由馬禮遜啟蒙的。理雅各習得中文後，矢志要將儒家的經典翻譯為英文。後來，他得到王韜的協助，陸續翻譯出版了《論語》、《大學》、《中庸》、《孟子》、《春秋》、《禮記》、《書經》、《易經》、《道德經》、《莊子》等名著，影響深遠，貢獻很大，是備受尊崇的漢學家。當時，倫敦傳教會將香港佈道站交由理雅各和合信（Benjamin Hobson，一八一六至一八七三年，馬禮遜女婿）[34]辦理。合信是醫療傳教士，他從治病救人方面入手，教人破除迷信，認識西洋科技，導引信奉基督。而理雅各就繼續辦學，貫徹「教育播道」的方針。至於「文字播道」，因為開埠不久，人口只有兩三千，城市的建設和體制還在草創中，所以沒有馬上啟動。

迨一八五三年，英華書院遷港十年，籌備多年的中文報刊《遐邇貫珍》橫空而出，成為香港

31 馬儒翰生於澳門，幼受父親馬禮遜指導，學習華文漢語。一八二七年，馬禮遜安排他到馬六甲英華書院學習。一八三零年應聘回廣州，擔任英商的翻譯，其時年僅十六歲。餘暇不忘研習，又協助父親的印務工作，也會執筆撰述。馬禮遜逝世後，鴉片戰爭勃發，馬儒翰不單是英國的主要翻譯，還被倚為左右手。《南京條約》的訂定，馬儒翰是重要的參與者。根據條約英國佔領香港，馬儒翰擢昇為代理輔政司，事業正如日方中，他卻得病，英年早逝，時為一八四三年八月二十九日，恰正《南京條約》簽訂一周年當天。參考自註15引書《中國，開門！馬禮遜及相關人物研究》，頁一六九至二零零；又註14引書《中國近代報業發展史》，頁六一。

32 參見顧長聲著《從馬禮遜到司徒雷登——來華新教傳教士評傳》，上海：上海人民出版社，一九八五年，頁一一五。

33 參見李志剛著《基督教與香港早期社會》，香港：三聯書店，二零一二年，頁四五。

34 合信在倫敦大學學院醫科畢業，其後加入倫敦傳教會而被派到澳門，從事醫務工作，後又轉到中國其他城市，以及在香港邊治病邊傳教。但因為妻子患重病，須陪護回英國，途中妻子撐不過來而病逝。合信返港後，續絃馬禮遜女兒。一八四七年往廣州，加入伯駕（Peter Parker）建立的醫院。在這期間，他著有中文醫書《全體新論》、《博物新編》、《西醫略論》、《婦嬰新說》、《內外新說》。一八五九年，合信結束中國的醫療傳教生涯，返回英國。參考自愛德華・V・吉利克（Edward V. Gulick）著，董少新譯《伯駕與中國的開放》，桂林：廣西師範大學出版社，二零零八年，頁七一。

1843 年遷校來港的英華書院，早期建校於中環荷李活道。

第一份中文報刊[35]，在全中國而言，也位居第二，僅次於《東西統記傳》。

較美國《紐約時報》[36]晚兩年出版的《遐邇貫珍》，英文刊名是 *Chinese Serial*，創刊於一八五三年（咸豐三年）八月一日，終刊於一八五六年（咸豐六年）五月一日，恰如廣東人所說的「咸豐年舊物」[37]。前後橫跨四年，每月出版一期，屈指算來合應三十四期。如〈《遐邇貫珍》告止序〉所述：「至前所刊佈者共得三十三號」[38]，加上停刊期，合共為三十四期。但一八五四年三月號和四月號是合刊號，所以應該減一期；又停刊期之前的一八五六年四月號脫期未刊，應再減一期，即停刊期之前只出版了三十一期，再加上最終的停刊期，《遐邇貫珍》實際上合共出版了三十二期。有學者認為一八五六年五月號的停刊期是和四月號合刊的，但筆者認為早前一八五四年的三月和四月合刊是印上「第三四號」[39]的，而一八五六年的終刊期只印上「第伍號」，所以不能說成是合刊號，更應指出四月號是脫期未刊。而〈告止序〉中雖清楚記述已刊佈共「三十三號」，即沒有發生過一八五六年的合刊號，事實上一八五六年四月號是脫期未刊，[40]

35 如上文所述，十九世紀近代中文報紙萌芽，出版周期由長至短，從月刊發展到日刊，所以稱《遐邇貫珍》為香港最早的中文報紙是錯不了的；若按近年的新聞史學所作的泛稱——報刊，則《遐邇貫珍》就是香港最早的中文報刊。

36 美國《紐約時報》創刊於一八五一年九月十八日。

37 廣東人形容陳舊的東西，就會說：「那是咸豐年代的！」

38 參見《遐邇貫珍》一八五六年五月第五號。

39 參見《遐邇貫珍》一八五四年四月第三、四號合刊的封面。

40 筆者早期查閱香港大學圖書館和香港中央圖書館收藏的《遐邇貫珍》資料，發現沒有一八五六年四月號，曾以為是缺漏，沒有收進。後來，看到沈國威、松浦章和內田慶市整理出來的《遐邇貫珍》全影本，始信一八五六年四月號是脫期。但理雅各在〈告止序〉中既錯寫了總期數，也不承認一八五六年五月號是合訂號，但眾多的學者卻硬說成合訂號。筆者始終認為一八五六年四月號是脫期未刊。

那是〈告止序〉的一錯再錯。也許停刊在即，臨時走馬上任的主編理雅各心神恍惚，沒有再細意複核。

《遐邇貫珍》採直排、金屬活字印刷，尺寸為：橫十二點一厘米、直十九厘米，每期約十二至十四葉（線裝書正反兩面為一葉），穿線成線裝本[41]。以今天來看，似雜誌多於報紙。

五、《遐邇貫珍》的主編及稿源

為紀念馬禮遜而集資籌款成立的「馬禮遜教育會」[42]，不忘馬禮遜倡導的「文字播道」，「因議每月刻貫珍數千」、「誠可謂善述馬君之事、善繼馬君之志者也！此《遐邇貫珍》一書之所由來也。」[43]

創刊主編之位，大家都力推最高元老而又經驗豐富的麥都思[44]。早在一八三四年，倫敦會已有意安排麥都思從巴達維亞來華，接替馬禮遜的工作。鴉片戰爭後，麥都思於一八四三年在上海現今的山東路開辦「墨海書館」，出版西書，宣傳西學和佈教。一八四九年夏，麥都思延聘王韜[45]入館任校譯，從而改變王韜的一生。麥都思筆耕不輟，勤於著述，單計中文著作就有五十九種。他還是聖經漢譯的主要成員。一八五三年，《新約全書》和《舊約全書》相繼譯畢，就在這個空檔期，他被邀請到香港，主持創編《遐邇貫珍》。

早前，曾助麥都思編刊《各國消息》的青年奚禮爾（Charles Batten Hillier）[46]，已成為麥都思的女婿，其時他正在香港出任法庭書記官，並兼任教育委員會的副主席。對《遐邇貫珍》的出版，奚禮爾當然不會推託，為協助岳丈更是竭盡所能。事實上麥都思兼顧的工作十分多，也惦記着辦得頗為成功的墨海書館，所以很快他就返回上海，由奚禮爾繼任為《遐邇貫珍》的主編。至於理雅各，自不待言，他也是支持刊物出版的。一八五六年初，奚禮爾因調任駐暹羅領事，理雅各便成為第三任主編，但不久即停刊。

另外有一位容易被人忘掉的華人黃勝（一八二八至一九零二年），又名黃亞勝。他是廣東香山縣人，一八四一年入讀澳門馬禮遜紀念學校，同班同學有容閎、黃寬和唐傑等。鴉片戰爭之後，馬禮遜學校於一八四三年遷港，黃勝等隨校來港肄業。後來，校長勃朗（Samuel Brown，一八一零至一八八零年）因要和體弱的夫人返美而辭職，但他有心栽培優秀的中國學子，懇得贊助金，於一八四七年一月帶了黃勝、容閎、黃寬三人同船赴美。這三位青年，就成為中國最早的

41 參見《遐邇貫珍》的原刊本；又松浦章、內田慶市、沈國威編著《遐邇貫珍．附解題．索引》，上海：上海辭書出版社、世紀出版集團，二零零五年，頁九二至九三。

42 馬禮遜於一八三四年八月一日逝世。翌年，在華的美國官員、外商、傳教士等發起籌款，成立「馬禮遜教育會」（Medical Missionary Society in China）來紀念這位來華傳教的開拓者。一八三六年九月，「教育會」成立，旋於澳門籌建學校，並展開傳道工作。

43 引自《遐邇貫珍》一八五五年八月第八號的〈馬禮遜傳〉。

44 基督新教來華傳道，馬禮遜是元祖，繼之米憐，但二人先後辭世，第三位的麥都思，便成為最高元老。他的中文已相當熟練，而且之前出版的中文報刊，他都有直接或間接參與，在這些報刊中，他被評為「無處不在的人物」。

45 王韜（一八二八至一八九七年），字仲弢，又字紫詮，江蘇甫里人。少聰穎，具文才，但考取秀才後屢試不第。一八四九年入墨海書館，一八六一年因曾上書太平軍而受嫌，翌年逃至香港，助理雅各翻譯經書，並獲邀歐遊英、法、俄等國，歸而編譯《普法戰紀》。一八七四年，與黃勝合作創辦《循環日報》，開文人辦報之先，極力鼓吹效西國，提出變革。一八七九年應邀訪日，與日本的漢學家、名士交遊，極一時之盛。一八九七年在上海病逝。

46 奚禮爾生於一八二零年，英國人，鴉片戰爭前來華學習中文，曾跟隨麥都思，並成為他的女婿。一八四二年出任香港的法庭書記官，不久任巡理府官，其後更擢升為總巡理府。一八五六年初，英國政府任命他為第一任英國駐暹羅領事。但到任才數月，因染痢疾而病逝。

留美學生。可惜黃勝到了美國之後，因水土不服，經常患病，翌年四月，未能完成學業便返回香港。曾是贊助人之一的蕃德．魯特（Andrew Shortrete），是《德臣西報》（*China Mail*）的主筆，遂將黃勝薦入報社，使他有機會學習到印刷技術和一些編務的工作。當《遐邇貫珍》創刊，黃勝即轉職加盟，主要負責印務。

上述的班子，無論經驗和才識都優於早前的幾份期刊，故備受期許。

立足於香港的《遐邇貫珍》，在採集香港的時事新聞方面當然沒有困難。奚禮爾與警署和法庭有着很密切的關係，關於罪案和治安的消息是十分靈通的，就連緝捕海盜的經過，亦知之甚詳。而香港當時已是溝通歐、美、亞三洲的一大港口，客貨船泊岸，多會運來歐美各地出版的報紙雜誌。這些同業的新聞報道，經由傳教士、編輯人員翻譯，便成為一則則海外消息，如英法與俄羅

《遐邇貫珍》的第二任主編奚禮爾

《遐邇貫珍》最後的主編理雅各

斯交戰；中國人到舊金山後的困頓情況等。而派駐中國各地的傳教士，彼此間書信往來，互通消息，聯結成一個巨大的信息網，如廣州的美國傳教士衛三畏等人，將蒐集得來的廣東新情，包括太平天國在粵、桂、贛的情況等，都能馬上發到香港。在上海的線人就更加眾多，以麥都思和墨海書館的淵源，就足以使墨海書館的同仁義無反顧地竭力相助。他們把親歷太平天國治下城鎮的情景和小刀會在上海的情況，以及太平軍和清軍的攻防戰等信息，源源不絕地寄給香港的主編，使《遐邇貫珍》由創刊到停刊每期都刊出了太平天國的實況，成為後來研究太平天國的重要史料。他們還將京報和公告等文件抄錄，然後送港。

當然，理雅各和麥都思等人並沒有忘記「文字播道」。他們或自行執筆，或組織教友來稿，宣教講道，如被認為是理雅各學生何進喜寫的〈新舊約書為天示論〉。但他們更

| 黃勝為《遐邇貫珍》的出版獻出他的專業知識

多的是刊登西洋科技和天文、地理、醫學常識。有關醫學常識上的人體介紹，已知是由合信醫生撰述的，而生物方面的文稿，很可能是對動植物甚有研究的衛三畏操筆。這些知識的推廣，是要破除中國人的迷信，藉此誘導他們信奉基督。

同時，來稿中有不少遊記的文章，其中最為重要的當推羅森的〈日本日記〉（詳見本書「附錄一、《遐邇貫珍》深受日本珍視的考察」）。另外還有〈西程述概〉、〈瀛海筆記〉等，皆充滿風俗舊情，至今仍保有鄉土史料的價值。

這裏再提一下黃勝，他除了負責印務之外，校對方面也可以兼任，同時也會就某些文稿稍作潤色，我們可以從一些較廣東化的用詞來推想。例如一八五四年正月第一號的〈喻言一則〉，其句作：「得君相助，水火不避，無不應承。」又如一八五四年六月第六號〈近日雜報〉中有：「急水門有澳門渡，正在駛行之際」便是。至於《遐邇貫珍》招登廣告，幾乎可以確信是黃勝出的主意。最初，因作為教會辦的刊物，廣告有「體格不合」之嫌[47]，但曾在民營西報工作的黃勝，力陳收益可補助印工的開支，最終獲得傳教士的同意，由一八五五年正月第一號開始刊出廣告。

綜上所述，《遐邇貫珍》的編印班子是頗為幹練的，聯繫網絡也可以說是枝繁葉茂。若以當時的歷史條件和人力、物力來看，《遐邇貫珍》的出版可以說是成功的。

六、《遐邇貫珍》內容述要

《遐邇貫珍》的封面設計，和早前幾種中文報刊一樣，分三直欄，但中間刊名不用活版字，而是工整秀麗的楷書雕版。右欄標出刊印的公元年月日，不再如前使用大清年號，這是因為鴉片戰爭以後，天朝在東亞的地位已今非昔比，再難獨尊；西方列強則甚囂塵上，而且刊印地是在英佔的香港，所以更不必像從前那樣，仰觀清廷臉色。左欄下方，排雙行：「香港中環英華書院印送、每號收回墨錢十五文。」其時，英華書院築校於荷李活道[48]。此處前文說是「印送」，下文又說是「收回十五文」，似相互予盾。及至第四期，就沒有印出「每號收回墨錢十五文」，即是免費，都作印送。這種免費贈閱和《察世俗》等報刊一樣，但從麥都思的考慮來分析，他是希望能收回多少得多少，所以最初在封面上印上「收回紙墨錢」的文句。後來雖略去，但在一八五四年三、四月合刊的封面，不再說「印送」，改為「香港英華書院印刷」，復於創刊一周年的一八五四年八月號，登出加價一倍的小啟：「每卷收回紙筆銀一分五厘，或錢三十文或先士三個。」足證能收回多少得多少的策略。

《遐邇貫珍》每期皆於卷首刊出目錄，從第二期起更附上英文目錄，直至終刊期。這些英文目錄，除題目外，還有內容簡述，其目的是要讓教會人士以及捐款的英商瀏覽，使他們更容易了解《遐邇貫珍》的採編簡況。

《遐邇貫珍》的版面安排，前面是專題文章，主要介紹西方科技、天文地理、醫學常識、各國簡情等，當然亦有部分是關於基督教的；後面是〈近日雜報〉，集中刊登各地的新聞消息，這完全是報紙的新聞報道，是早前幾份報刊所無可比擬的。若以今天辦報的編輯思維來分類，可大

47 參見《遐邇貫珍》一八五四年十二月第十二號內的〈《遐邇貫珍》小記〉。

48 一八五五年一月第一號的《遐邇貫珍》刊出招登廣告的啟事，其中有地址的說明：「諸君有意欲行此舉者，請每月將帖帶至阿理活街英華書院之印字局」。阿理活街後來改名荷李活道，荷李活的英文 Hollywood 是冬青樹之意，聞說當年該街道種有冬青樹，因而得名。

致分為：時事新聞版、副刊版、廣告版。今按以上三大分類來通覽《遐邇貫珍》，然後列出具參考價值的文章。

（一）時事新聞

1. **中國新聞**：《遐邇貫珍》從創刊至停刊，基本上都有刊出太平天國的消息，資料十分珍貴，已成為研究太平天國歷史的重要參考史料。而摘錄〈京報〉，既有上諭，也有曾國藩等大臣的奏報，大多圍繞調兵遣將與太平天國對壘的情況。此外，常會刊登海盜出沒的行踪，並及官府追捕的實況。如：「粵東洋面近有盜賊無數」，「福建洋面有盜匪，經英國師船將其拿捕」（一八五三年八月第一號），又：「廈門來信……惟海面盜匪滋多」（一八五四年二月第二號）。

2. **國際新聞**：《遐邇貫珍》的編者非常重視克里米亞半島的戰事。一八五三年十月，俄羅斯和土耳其觸發戰爭。翌年三月，英法和土耳其結盟，加入戰團，共同對抗俄羅斯。《遐邇貫珍》從一八五四年八月第八號開始刊出克里米亞戰爭，直至停刊仍在報道和約的簽訂。

另一項非常重要的新聞就是：美國於一八五三年七月，派遣遠東艦隊直闖日本江戶灣，威嚇日本早日開國通商。翌年再訪日本，並成功簽約。《遐邇貫珍》由創刊號開始，就報道美國遠東艦隊赴日叩關的消息，直至一八五四年十月第十號，還把《日米和親條約》刊出。續於一八五四年十一月第十一號開始，連載三期《日本日記》，這是一篇十分難得的報道文學，側面描繪了日美外交史初次談判的場內、場外實況。詳見本書「附錄一、《遐邇貫珍》深受日本珍視的考察」。

當時大批華人從香港乘船往美國三藩市和南美一帶謀生，他們大多被「賣豬仔」出洋。無良商人常常會超載，且船上備不足糧水，因此發生很多海上事故和人命的損失，受到各方關注，造成國際新聞。《遐邇貫珍》均跟進報道。如一八五四年十月第十號載：「四月初二日，有船名里伯達，由香港開行，共計八十日始抵金山，不料開行後，染瘧疾而死者有九十人之多。迨抵埠後，亦日死八、九人……」。接着十一月的第十一號跟進說：「上月言及往金山船里伯達，所搭之客，死去甚眾一事，今按新聞紙有云：是船到埠後，有告其船載人過額者。」

其他新聞如英、法、美三公使會談，英國公使包（即香港總督寶靈）到暹羅洽談貿易和約，獲暹羅王接待……等，這裏不再一一詳述了。

3. 香港新聞：《遐邇貫珍》創刊之時，香港開埠才十數年，故能親歷不少香港法例的誕生。如一八五三年十一月第四號報道了〈本港議創新例〉的立法過程；又如為防止奸商租船超載過洋草菅人命故立法嚴厲規管，見於一八五六年三月第三號：〈洋船在香港搭載唐人規條開列〉。又公佈了嚴禁滋擾大清國：「近聞有人膽敢在此聚眾，潛謀舉動，欲向大清國朝滋事興變，豈不知似此主謀協從，均大干本國例禁，厥辜甚重，合亟出示，嚴行禁止……倘敢負恩妄藉此地聚謀圖變，一經查出，克日拘獲，解送中土官憲懲治。」（一八五五年十二月十二號）

大抵英式管治的政府其財政都是公開的，所以一八五四年和一八五五年的全年開支，分別見諸一八五五年四月第四號和一八五六年三月第三號。

治安方面，有不少關於強盜惡行和追勦海盜船的報道。例如：「近日香港附近洋面海盜竊發，四處劫掠，有兩枝桅花旗師船出海緝捕，復有英師船一隻出海巡緝。」（一八五四年七月第七號）；「初三日，急水門洋面有民艇二隻，為海盜攻掠，砲斃該艇戶一人。」（一八五四年八月第八號）盜竊方面，如：「十一月中，本港上灣有客人被小手竊去銀兩」；「十一月間亦有人自石

派灣欲過本港，不幸中途為盜所掠，奪去身上衣帽、什物。」(一八五五年二月第二號)

社會消息方面，有辦義學的報道(一八五五年六月第六號)，有提請注意衛生的(一八五四年六月第六號)；也有關於鴉片的進口：「癸丑年(一八五三年)鴉片箱三萬六千四百九十九箱；甲寅年(一八五四年)鴉片箱四萬六千七百六十五箱。」(一八五五年七月第七號)

(二)副刊

時事新聞如上述有太平天國和克里米亞戰爭的跟進報道，而副刊方面，也有〈喻言〉的欄目，由創刊開始就已經連載。這〈喻言〉就是漢譯的〈伊索寓言〉，內田慶市教授已有詳明的研究[49]，這裏從略。

《遐邇貫珍》在宣傳基督教的文章比例上不是很多，反而着重灌輸西洋文明、科技知識給讀者，這裏先舉出與播道有關的文章：

創刊序言	一八五三年八月第一號
聖巴拿寺記	一八五三年九月第二號
援辨上蒼主宰稱謂說	一八五三年十一月第四號
廈門道術報	一八五五年五月第五號
香港英人聖節求息干戈禱告	一八五五年七月第七號
馬禮遜傳	一八五五年八月第八號
馬可頓流西西羅紀略	一八五五年十一月第十一號

崇信耶穌教略二段	一八五六年二月第二號
大秦景教流行中國碑	一八五六年五月第五號
天人異同	一八五六年五月第五號

為便於信徒於週日到教會，由一八五五年一月第一號起，一直至終刊，均刊出中英對照曆，專門列出當月禮拜日的新曆對照，以起提示作用。

《遐邇貫珍》關於醫學人體的介紹，篇幅佔的比重很大：

體性論	一八五四年九月第九號
身體略論　全身骨體論	一八五五年一月第一號
面骨論　脊骨脅骨等論	一八五五年二月第二號
手骨論　尻骨盤及足骨論	一八五五年三月第三號
肌肉功用論	一八五五年五月第五號
腦為全體之主論	一八五五年六月第六號
泰西種痘奇法　眼官部位論	一八五五年七月第七號
耳官妙用論　手鼻口官論	一八五五年八月第八號
臟腑功用論	一八五五年十月第十號
心經論	一八五五年十一月第十一號

49 同註41引書，內田慶市有〈談《遐邇貫珍》中的伊索寓言〉論文。

地理、遊記、國誌在當時來說其知識性都是十分高的，在今天而言，仍是很有參考價值的史料：

西程述概	一八五三年九月第二號
極西開荒建治析國源流（發現新大陸）	一八五三年十一月第四號
阿歪希島紀略即檀香山	同上
花旗國政治制度	一八五四年二月第二號
琉球雜記述略	一八五四年六月第六號
瀛海筆記	一八五四年七月第七號
瀛海再筆	一八五四年八月第八號
大食大秦國考　艾約瑟述	一八五四年十月第十號
日本日記	一八五四年十一月第十一號
續日本日記	一八五四年十二月第十二號
續日本日記終	一八五五年一月第一號
英倫國史總略	一八五五年九月第九號
續英倫國史總略	一八五五年十月第十號

《遐邇貫珍》有關科技和天文的介紹，令東方很多開明人士大感興趣。

火船機制述略	一八五三年九月第二號
彗星說	一八五三年十月第三號
地球轉而成晝夜論	一八五三年十二月第五號
天下火車路程論	一八五五年九月第九號
玻璃論	一八五六年二月第二號

繼造玻璃論　一八五六年三月第三號
照船燈塔畫解　一八五六年五月第五號

（三）廣告

《遐邇貫珍》的廣告並不多，而且在創刊後一年多才招登，但其中有可以成為研究資料者，如省港澳的航船班期和往三藩市的航船安排，都是研究交通史的資料；而米、茶、棉花、糖價，也是生活史的研究資料。至於英華書院和聖保羅書院的招生，便是研究香港教育的重要參考資料。

《遐邇貫珍》招登廣告收取費用，是一項大突破，因為作為教會辦的報刊，似於「體格不合」[50]，曾出現爭議，有過猶豫[51]，最終還是落實，交由黃勝來辦理。《遐邇貫珍》收取廣告費這一創舉，無疑是引領中文報刊走入現代辦報的軌道，其影響之大可以想見。

七、《遐邇貫珍》資料拾穗

被譽為香港最早出版的中文報刊《遐邇貫珍》，當時處在中文報紙、雜誌的盤古初開期，其

50　參見《遐邇貫珍》一八五四年十二月第十二號內的〈《遐邇貫珍》小記〉。
51　〈《遐邇貫珍》小記〉內有：「有友勸余將招帖印在《貫珍》中者，惟嫌體格不合，不便從命。但各商人如有欲出招帖者，可於下月攜至英華書院印字館黃亞勝處。」

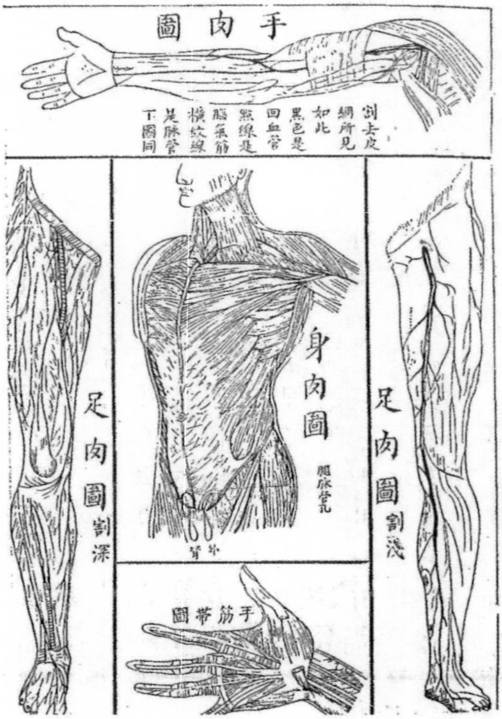

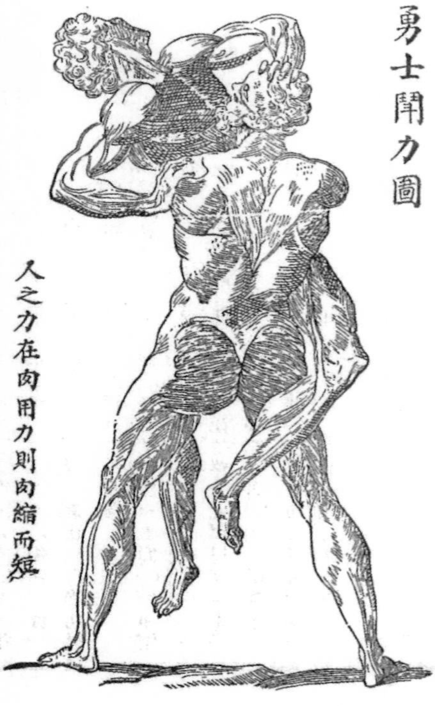

左、右：《遐邇貫珍》圖文並茂地介紹人體結構及科技新知

裁料器具

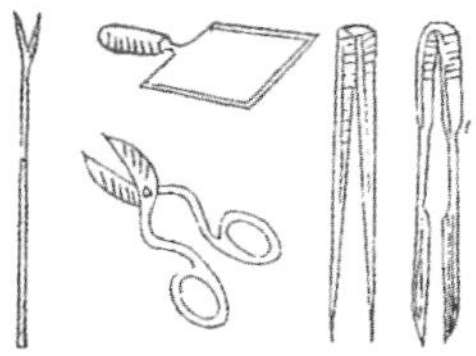

爐口

內藏坩鑊

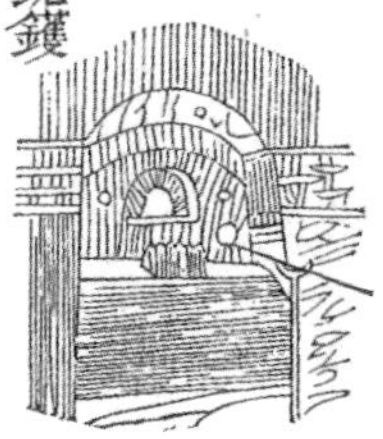

煮料頭爐

做花罇工匠

罇模

其机關可以開合

煮器二爐

坩鑊

內容幾可說是珠玉紛陳，瑰寶滿卷，雖未如創刊題詞憧憬「聲價重雞林」，反而更為超格，深受日本人珍視，題詞乃可改句為「聲價重蓬萊」矣。

《遐邇貫珍》傳至日本後，善於吸取外來文化的大和民族，即認真研習，捧讀再三，相互傳閱抄錄，對西方科技和醫學解剖傾倒不已，更爭相研究《伊索寓言》的翻譯。至於培理率領的美國遠東艦隊兩次赴日扣關，《遐邇貫珍》詳載其動向，並列出《日美和親條約》，後來成為日本史學界所關注的開國史料。而在機緣巧合下，廣東南海的羅森，登上了美國遠東艦隊，參與了日美洽談《條約》工作，歸而寫成《日本日記》，分三期連載於《遐邇貫珍》，亦深受日本史學家的重視。最終《日本日記》被收錄於《大日本古文書》的《幕末外國關係文書》中[52]，其珍視程度，可以想見。由於羅森的《日本日記》，是首位中國人踏足神奈川縣和函館等地而寫下的目擊記，在中日關係史上也是珍罕之作，所以《日本日記》也被抽印出版，納入鍾叔河主編的《走向世界叢書》[53]。

《遐邇貫珍》頻密地報道了太平天國和小刀會的動向與戰況，引起了日本官員的注視。他們連番向羅森打聽「中國治亂」之事[54]，羅森便將其撰作的《滿清紀事》借與抄閱[55]。直至一百年後，我國才有學者注意到《遐邇貫珍》當年連載有關太平天國的報道。那是上世紀四十年代，王重民留歐時前往大英博物館圖書館訪尋資料，在東方部藏書中翻閱《遐邇貫珍》，發現有關太平天國的報道，大為欣喜，即抄錄下來，交由開明書店於一九五零年出版，書名《太平天國史料》，一九五九年再由北京中華書局重印。但王重民抄錄回來的，僅得其半，因為他所看到的並不是全套《遐邇貫珍》[56]。如欲繼承王氏之志，今天仍可以跟進補遺。

拾穗尋珍，採得以上珠玉，令人驚喜。而《遐邇貫珍》在香港編印出版，有關香港報道之多，與其他地區比較，何止倍蓰！今天的新聞實錄，便是明日的信史。隱藏在《遐邇貫珍》的香港史料，又是何等珍貴！今遍覽三十二期《遐邇貫珍》，將有關香港史事資料引出，裒錄分類，編成是書，可使滄海遺珠再閃光，名山事業[57]不驟忘。

《遐邇貫珍》雖然是在香港梓行，但據說香港各圖書館並無庋藏，也未聞有私人獲藏一二。換言之，香港是一卷無存，十分可惜。香港大學孔安道紀念圖書館和香港中央圖書館則藏有縮微膠卷本，我曾先後前往兩館借閱，亦有打印紙本，惟因有部分模糊不清，或版心的一行字照不出來，看得很吃力，甚至出現缺頁[58]，對研究做成障礙。感謝松浦章、內田慶市、沈國威三位教授，遠赴英國倫敦大學亞非研究所圖書館，找到存世最佳的《遐邇貫珍》原刊本，並徵得許可，拍攝全文出版。內地版由上海辭書出版社刊行，誠如藤善真澄教授的序文說：「當這些既具有獨特風格而又體現了合作精神的作品面世後，一定會受到學術界的關注，並為很多方面所利用。」[59]而我就是利用者之一。

---

52 參見增田涉著《西學東漸と中國事情》，東京：岩波書店，一九七九年，頁三零八。

53 羅森等著《早期日本遊記五種》，王曉秋點、史鵬校，長沙：湖南人民出版社，一九八三年。

54 參見《遐邇貫珍》一八五四年十二月第十二號〈續日本日記〉。

55 參見復旦大學歷史系、出版博物館合編《歷史上的中國出版與東亞文化交流》，上海：百家出版社，二零零九年，頁一五三至一六七收入黃天論文〈《滿清紀事》、《日本日記》的逆輸入和增田涉的有關研究——兼談《遐邇貫珍》〉。

56 同註41引書，頁四五至四八松浦章的論文。

57 司馬遷《報任少卿書》：「僕誠以著此書，藏諸名山，傳之其人。」後廣其義，謂有價值之著作，能傳諸後世。亦借喻著書為名山事業。

58 詳見本書附錄二、香港收藏《遐邇貫珍》的誤報。

59 同註41引書，頁一。

《遐邇貫珍》每期都刊有大量香港資訊，關涉面十分廣，倘若不加整理，以流水帳形式排出，未免雜亂，有不加分析羅列之弊，讀者也大感困惑。因此，經過審讀《遐邇貫珍》三十二期全文後，從而掌握了有關香港史事資料的主要內容，然後作出分類歸納，編為十四章，依次為：一、督憲政令，二、戶籍人口，三、立法定例，四、財政稅收，五、貿易通貨，六、外交往還，七、治安防禦，八、緝剿海盜，九、司法審理，十、出洋勞工，十一、港務船政，十二、海難事故，十三、社會民生，十四、廣告啟事。每章前撰有〈解題〉，簡介該章之內容及有關背景資料。為方便讀者，再就內文作了某些註釋，其中有某些地名因譯音或古稱較難考出者，只能待考。

八、結語

《遐邇貫珍》於一八五六年五月後停刊，其主要原因不是資金問題，雖然在〈告止序〉中發了點牢騷，指「華民購閱是書固甚吝惜，即不吝惜而所得終屬無多」[60]。但來自英、美傳教士和商貿人士的「啟囊樂助，每月準足支應而有餘」[61]，真正原因是「辦理之人，事務紛繁，不暇旁及此舉耳」[62]。此「辦理之人」應該是理雅各。筆者認為，理雅各「不暇旁及」與其志趣不同有關，因為理雅各醉心於翻譯中國的經典名著，需要殫心盡力而為。後來，理雅各真的一輩子從事此翻譯工作，並得到王韜的協助，終於成為西洋的一大漢學家，為中西文化交流事業作出了巨大貢獻。

理雅各無暇主編《遐邇貫珍》，另一位有志於此的傳教士偉烈亞力（Alexander Wylie，一八一五至一八八七年），追隨麥都思在上海墨海書館多年，他於翌年的一八五七年一月，在上海創辦了《六合叢談》，其編輯方針和內容，絕似《遐邇貫珍》，幾可以說是《遐邇貫珍》上海版。

另一方面，《遐邇貫珍》所開創的收費刊登廣告，以及刊出〈洋貨時價〉和〈本地貨時價〉，是由「文字播道」結合到商業營運的開始。隨着香港商貿的不斷發展，需要大量、及時的商業信息，《遐邇貫珍》停刊之後，在一八五七年十一月，中文的〈香港船頭貨價紙〉就夾附在英文的《孖剌報》（*The Daily Press*）出版了。其後，更發展為日刊的《香港中外新報》，也就成為中國近代的第一份日報[63]。由此看來，《遐邇貫珍》在中國報業發展史上所發揮的承先啟後作用，具有不可磨滅的貢獻。

馬禮遜來華，揭開基督新教東傳的篇章。其後，英、美、德等國的傳教士紛至沓來，傳播基督。他們同時將西洋的科技知識、先進機械，以及印刷出版等傳到東方，對推動中西文化交流作出了巨大貢獻，應當銘記。但有部分傳教士身兼多職，曾就鴉片貿易出謀獻力，更為侵華爭利推波助瀾，我們理當區別看待之。

60 參見《遐邇貫珍》一八五六年五月第五號的〈《遐邇貫珍》告止序〉。
61 同註60。
62 同註60。
63 參見註14卓南生著《中國近代報業發展史：一八一五－一八七四》，頁九九至一三三。

編輯說明

一、本香港史料全部採自《遐邇貫珍》中文報刊，經分類歸納編為十四章，原創刊號之〈序言〉置於卷首，緊接的〈香港紀略〉，則改題為〈鴉片戰爭與香港開埠〉；

二、每章內容皆按時間先後排列，並註明刊出的年月和期號；

三、每章之前均撰有解題；

四、就內文的字詞，適當處加註釋；

五、就收入的資料文章除〈香港紀略〉外，其他如果附有標題的，一概照用；

六、《遐邇貫珍》封面的刊號是用公曆，內文則公曆、夏曆均有使用。如：「英二月十二日，公使包令大人搭火輪御船」；又「按英七月初六日，香港政令報所載」。有此「英」字在前，則為公曆。至於「閏七月二十日，暹邏有兩使臣抵港」，有此「閏」字，當指夏曆。但大多沒有清楚寫出，所以在引用時，務須小心查證是公曆還是夏曆；

七、所有引出的內文一概不作改動，遇有錯字或異字，則在該字下補上正字再加括號，如：磅（鎊）；另外對一些使用干支年號的，則會接上公曆紀元，並加括號。

八、《遐邇貫珍》就大英、督憲、上帝、大清等皆作起行或空格，以示尊敬，今一切從簡，徑直接排。

《遐邇貫珍》序言

這篇〈序言〉，可以說是《遐邇貫珍》的發刊詞，其最終目的，是要說明為什麼要出版《遐邇貫珍》這個刊物。

〈序言〉首述有華夏之稱的中國，地廣人稠，人多聰秀，恒耐勤勞，曾經是：「中國人類之俊秀，物產之蕃庶，可置之列邦上等之伍。」但何以突然落後降格，主因是閉關自守，對西方事物一無所知，未能採長補短，學習西方的科技而自強。中國長期以來僅依靠邸抄刊錄上諭、奏摺，藉悉朝廷舉動，「向無日報之類」，「備載各種信息」。因此有編纂此《遐邇貫珍》之想，並定每月出版一帙，希望「彼此交通相融，彼此亦同受其益也」。並謂：如果中國能和西方各國那樣「准與外國交道相通，則兩獲其益。列邦人原無意尋戰侵疆，因爭占所得，理難久享其利，不若貿易相安，時可獲益無窮也」。

綜觀《遐邇貫珍》後來出版的內容，包涵了很多天文地理、醫學物理、科技產業等的知識，誠然是一份有助國人開眼看世界的益智讀物！至於〈序言〉所云：「無意尋戰侵疆」，則未敢苟同矣！

吾在中國數載，屢思其地，誠為佳境。其山孕奇蓄異，寶藏而五金礦穴興焉。其河分派晢枝，利濟而灌溉載運備焉。其平原膏田沃壤，蕃植蔬果五穀，千百種悉數而不能終。其巨海涵生廣育，恒產魚鱉水族，萬千人採食而不能盡。念及此，稱之為華夏，誠不虛也。復思其人，常盈億兆，類多聰秀，恒耐勤勞，其儒者不惜數十載窓下寒暑，辛勤研求古昔聖賢訓詞之蘊，追溯前代鑑史政治之方，其農人早夜致力耕耡磽瘠之區，收獲倉箱豐登之益，尚有織造絹帛，甄陶瓷器，雕鏤采刻等類。由此觀之，環瀛列邦，各有美利，誠難比擬。中國人類之俊秀，物產之蕃庶，可置之列邦上等之伍。所惜者，中國雖有此俊秀蕃庶，其古昔盛時，教化隆美，久已超邁儕倫，何期倏忽至今，列邦間有蒸蒸日上之勢，而中國且將降格以從焉，是可歎已！我英國創始之祖，未備冠裳之時，中國人已解用絲帛，古之亞墨利加國人，祇識泛海捕魚，刳木為舟，中國已有指南針，製造巨船，出海載運。惟今日不然，列邦日進月盛，而中國且每降日下，其現用商船，恒不逮於古，而聖哲久未梃（誕）生。在其始祖，惟虔祀上帝，迨後乃紛崇無知覺之偶像。列邦商船，駛行迅利，天下無港無之。而中國商船，裝駕鈍滯，至遠但抵息力[1]、葛羅巴[2]等處。列邦偶遇荒年，迅速派船四出，運米賑濟。而中國值荒，惟靠本土，千萬蒼生饑困者紛紛坐斃。列邦大江泛溢，即能築造石塘，永杜其害。而中國黃河，每歲衝決為灾，羣黎遭溺。列邦紛興火船，遇風水俱逆，每一時可行八十餘里。而中國一無所有，亦無人解造。泰西各國，俱有火車，人貨並載，每一時可行三百六十餘里。而中國至速，僅屬乘騎，每時可馳二十餘里，其平常行旅，每時不過十餘里耳。泰西各國，創造電氣秘機，凡有所欲言，瞬息可達數千里。而中國從未聞此。其致此之由，總緣中國邇年與列邦不通聞問。昔年列邦人於中土，隨意遊騁，近年阻其往來，即偶有交接，每受中國人欺侮，惟准赴五港通商而已。彼此不相交，我有所得，不能指示見授，爾有所聞，無從剖晳相傳。倘若此土恒如列邦，准與外國交道相通，則兩獲其益。列邦人原無意尋戰侵疆，因爭占所得，理難久享其利，不若貿易相安，時可獲益無窮也。是中國愈見興隆，則列邦愈增豐裕。上帝創造斯世，各國咸界以境土，曾錫詔命，凡世上之人，皆為一家，其原始於一夫一婦所生，四海皆為兄弟。設有一家，而兄弟數人，各分居住，其一杜門孤處，日用所需，尤不肯有無相通，緩急相濟，是之謂憂喜不相關。上帝所以詔令各國，凡民相待均如同胞，倘遇我有所缺，彼以有餘濟之，或遇彼有所乏，我以其盈酬之，彼此交相通融，彼此亦同受其益也。吾屢念及此，思於每月一次，纂輯貫珍一帙，誠為善舉。其內有列邦之善端，可以述之於中土，而中國之美行，亦可以達之於我邦，俾兩家日臻於洽習，中外均得其裨也。現經四方探訪，欲求一諳習英漢文義之人，專司此篇纂輯，尚未獲遘，仍翹首以俟其人，乃先自行手為編述，尤勝於畏難而不為也。惟自忖於漢文義理，未能洞達嫻熟，恐於篇章字句，間有未盡妥協，因望閱者於此中文字之疵，勿為深求，但取其命意良厚，且實為濟世有用之編，更望學問勝我者，無論英漢，但有佳章妙解，郵筒見示，俾增入此帙，以惠同好，諒而助益之，是所盼於四海高明耳。中國除邸抄載上諭奏摺，僅得朝廷舉動大畧外，向無日報之類，惟泰西各國，如此帙者，恒為疊見，且價亦甚廉，雖寒素之家，亦可購閱。其內備載各種信息，商船之出入，要人之往來，並各項著作篇章，設如此方，遇有要務所關，或奇信始現，頃刻而四方皆悉其詳，前此一二人所僅知者，今乃為眾人所屬目焉。中國苟能同此，豈不愉快，若此寸簡，可為中國人之惠，毫末助之，俾得以洞明真理而增智術之益，斯為吾受無彊之貺也夫。

1 一般認為息力是馬來語海峽的音譯。而據《清續通考》卷三三三麻剌甲載：「又南端一小島，舊名息力，英人名曰新加坡。」息力即今之新加坡。

2 葛羅巴又寫作噶喇吧、交噹吧等，即今印尼之雅加達。

鴉片戰爭與香港開埠（原題：香港紀略）

原題〈香港紀略〉，僅略記鴉片戰爭和香港開埠十年事。從今天看來，似略欠完整。開首第一段，略談鴉片戰爭肇因，簡單地歸咎於林則徐「未諳他國事務之故」。這是英國人的觀點，我們也應該有所認識。而他們攫取香港的來由，說成是「英國初意非為土地，祇為本國之民照常貿易，免受平空之欺藐而已」。後來，擇「另一小島，以備居息之所，往來商船，得以灣泊屯守，兵士藉為住札，遂擇地於香港」。

接着後半部分，先介紹香港的地勢、林泉和最初住民不逾二千。其後，經過發展，就有了香港英國政府的管治架構。是以易題名為〈鴉片戰爭與香港開埠〉。

溯前十二載，林文忠奉命到粵，禁絕鴉片[1]，原宜將船烟拿獲，一並入官。但林文忠竟將城外商民，不分青白，及有無販賣鴉片者，一概封鎖，並將在內傭工漢人，均行撤盡，斷給口食，致令各商民備受艱難，幾有性命之憂。其中竟有與烟無涉，或屬傳道、或屬行醫、或屬職員，非此則彼，似此不分良歹，豈得為公平之道乎！總因林文忠尚未諳他國事務之故，蓋無人不深悉我國，斷不容無故受屈，致啟後釁。即如我國皇后，彼時知良民被害，赫然大怒，即興師旅，蓋欲雪此恨，而杜將來之患也。林文忠等，素輕視西邦，不以為勁敵，意以戰船兵丁即來，何難除滅，以了其事。追溯昔時，中國名將奇材甚多。俯視今日，內地猛士異能不乏，以英國不過渺如洲島，豈敵中華幅圓之盛。惟英國屬地，既多且廣，船隻人民，通行於天下，是別國一平民受害，必不肯置之罔聞。況因中華歷來藐視外國，不通交往，以致外國商民，近年疊興美利，中國竟不能稍獲其益，林文忠豈不知之。彼時皇上漸悟其辦理悞謬之處，英兵攻克城池，逕至天津具訴。朝臣允其所請，而船始南旋。迨後又復食言，故更興兵，陸續攻克數處城池，直駛長江，幾陷江寧。其時英官所討，始皆允肯，軍乃撤退。英國初意非為土地，祇為本國之民照常貿易，免受平空之欺藐而已。後因所願不遂，致起兵釁。我國不得已而討取行師軍餉之費，另一小島，以備居息之所，往來商船，得以灣泊屯守，兵士藉為住札，遂擇地於香港。所定文約，即於癸卯（一八四三）年五月二十九日，互交收執，此後香港割出中國版圖，永屬英土地矣。

香港乃海隅一小島，週圍約一百里，距廣屬之新安九龍司以南相離約有十里之遙，地形僅如三角，羣山攢聳，山谷中有耕種禾苗瓜菜，亦間植甘蔗，惟山坡之上，則無人栽植。山中樹木素被樵蘇，故大樹最少，時至秋冬，一望童然。山中惟產花崗青石最饒，溪澗紛紛噴流，山泉極其甘洌，香港必由此得名，只需有人闢土栽植，自能灌溉茂盛，則不獨地方可美觀瞻，居人亦覺居恒舒暢。此土初歸英國時，居民稀少，多屬隨趂[2]捕魚之人，設舖種地，魚汛既過，即復隨而他徙。總計彼時港中居民不逾二千，今則不下三萬二千矣。此外尚有諸多英吉利等國人，并天竺國等處人民，俱不在此數。港內復有諸式華美樓臺屋宇，如禮拜堂、臬司署、兵營、醫院、公司、

1 「溯前十二載」林則徐到粵禁絕鴉片的年度推算有誤。《遐邇貫珍》本期創刊號是一八五三年八月，若由此上溯「十二載」，即一八四一年。但林則徐獲封為欽差大臣南下到粵禁煙，是在一八三九年三月十日，並隨即在三月十八日展開轟轟烈烈的禁鴉片煙運動。

2 同「趁」字。

會館等處之類，不一而足。至商人居宅，俱依本國規模，亦屬高廣壯麗，即漢人舖宇酒樓，亦不減廣州光景。海壖[3]並有通衢馬車廣路一條，長二十餘里，另有官路圍繞其島，以資往來，是則香港固儼然一大都會也。官此土者，有總督一、缺[4]，兼管五港賀（貿）易事務，輔之堂二；一稱佐理堂，凡總憲辦理公務，與其參議，專以職官任之；一稱創例堂，凡本港應創則例，與其議創，兼以職員官紳任之。次於總督者，則有撫臺，兼管軍營，品同總兵。其次則有牧師，總管傳道教牧，倡奉上帝，鼓舞士庶習經行善。其次有臬憲，審斷重要案件，至細故小案，俱歸刑訟司，協同撫民紳士一二員訊斷。至凡有漢人告狀，或控本土人，或控他國人，即赴該司署以漢文稟訴，傳供人照由轉達，聽候判決。此係以犯例案而論，至不屬犯例之案，即如銀債等件，恐英國例原為英人而設，於漢人原不甚諳習，莫如向本村本灣地保按照本土風俗理處。若願赴公庭照犯例案一體審辦者，仍聽其便。臬憲之次，又有香港僚佐官，又有提刑官，其責成在持法嚴明。又有帑餉僚佐官，總理港中稅餉，又有量地僚佐官，掌度地址，管批田土，起造公署，修整道路等事。又有巡捕官，總理差役，又捕廳總理羈監事務。以上皆香港地方大畧，凡更欲深知事之詳細者，付信到本館，自能更加布悉也。

---

3 同「堧」，內城之前或河邊的空地。

4 英國治下的香港政府，一直由總督來領導，這裏有出「缺」，原因是當時的總督文咸（般咸）剛呈函英廷請辭解任（詳見一、督憲政令），因此《遐邇貫珍》的編者便寫了「缺」字，是即將暫缺之意。

一、督憲政令

《遐邇貫珍》刊行期間歷經兩任港督：
上：文咸港督，任期是 1848 至 1854 年。
下：寶寧港督，任期是 1854 至 1859 年。

英國全權公使義律（Captain Elliot, Charles，一八零一至一八七五年）未等清廷旨准承認《穿鼻條約》，便於一八四一年一月二十六日派出由英國海軍將領伯麥（Commodore Gordon Bremer）率兵，登陸港島，單方面宣佈清廷將香港島割讓給英國。

儘管如此，英國治下的香港政府還是要到一八四三年六月二十六日《南京條約》的換文儀式在香港舉行之後，才由英國駐華公使兼商務總監砵甸乍（Pottinger, Henry，一七八九至一八五六年）宣誓成為第一任香港總督，並遵照《香港憲章》籌組香港政府（參見王賡武：主編《香港史新編》，香港：三聯書店，頁八十六）。

英式殖民地總督是唯一擁有最高的權力者，他須向英皇負責，也是英皇的代表，所有軍事及文職人員必須向他效忠、服從（同上引書《香港史新編》，頁八十六）。

《遐邇貫珍》報道了第三任港督文咸（般咸）離任和寶靈獲英倫委派來港出任第四任港督的經過。寶靈任內，太平天國軍和清軍交戰正酣，雙方均暗中派員到港，置辦軍火，寶靈總督馬上頒發禁令，嚴加制止。另一方面，又曉諭嚴禁利用香港：「會議與謀，意圖中土」、「潛謀舉動」，聲明「一經查出，克日拘獲，解送中土，官憲懲治」。在在顯示維護與清廷的關係。

《遐邇貫珍》也報道了寶靈總督推出填海的計劃，卻受到商界的反對。

一八五四年一月一日　第一號

本港公使文大人[1]，秋間奏請解任回國，現已得旨，准於來歲三月間，另簡派新公使，來港接任。

一八五四年四月一日　第三、四號（合刊）

英國官報，已奉到頒行勅命，以前任領事官包玲[2]簡授為香港總憲，兼管五港英商貿易事務[3]，在英都擬於正月廿（二）十三日坐駕火輪陲（郵）船登程，按計三月十二日應可抵港。本港陸路提督已奏准解職回國休養，並奉文將本缺裁汰，其所管印務交駐港佐憲堅兼行署理。駐港之水師提督柏劉奉院行文撤任，據聞因薄待轄下水軍士卒，累月數旬，不給假衆兵士上岸游行舒散，致有月前衆兵鼓譟生釁，是以奉文撤調，已於月前解任，坐師船返國。新任提軍司德令計下月可以抵港。

一八五四年五月一日　第五號

三月十五日戌初一刻，新總憲公使大臣包玲抵港，同載者公使夫人及少君一、女公子二、巡捕官一員。十六日照成規矢告接印涖任，前公使文越二日，坐駕火輪郵船回國。本港英人、中土人、皆具名稟送行，亦有筵宴餞別。

本港新任水師提督司德令現已行抵新加波，不日可以抵港，率駕火輪及常行師船大小共五號。

一八五四年六月一日　第六號

有驛信到港云，前任公使文，現已駛抵新嘉波候火輪郵船至彼，附載返國。

十五日水師提督司德令抵港履任，前歷任屬國地方總憲。

公使包[4]出一示諭，英國律例，凡我英民，經本國君主特旨准其為他國出力幫助者，始聽其受人邀請助力，否者一概不准。

二十九日，公使包大人啟程前赴上海，其總憲事務，暫交堅大人署理。

一八五四年九月一日　第九號

廿七日未刻，包公使回舟抵港。

一八五四年十二月一日　第十二號

十月初六日，英國暗輪火船辣拉由上海寧波抵港，公使包大人及隨從人等，亦由是船而回。

---

1 香港開埠之初，對政府官員的稱謂沒有統一、沒有確定，如對香港總督，早期還沿用鴉片戰爭時期派出的「全權公使」的稱謂。同時又以總憲、大憲來行文、公告。這裏的「公使文大人」，即第三任港督文咸（有譯作般含，Sir Bonham, Samuel George，一八零三至一八六三年），他當港督的任期是由一八四八年至一八五四年。下文提到「秋間奏請解任」是一八五三年的秋間。

2 包玲，即寶靈（Sir Bowling, John，一七九二至一八七二年），是繼文咸而為第四任港督，任期一八五四年至一八五九年。

3 第一任港督是由商務總監砵甸乍宣誓兼任，所以早期的港督亦兼任起駐華商務總監之職，負責五港（即按《南京條約》所定開放廣州、福州、廈門、寧波、上海五個口岸）的中英貿易。至羅便臣接任為第五任港督開始，才不用兼任商務總監。

4 公使包即港督寶靈。

香港乃英國之土地，人人得而安居，凡敗卒亡徒，到來可獲無事，我大憲從不究問，於人無所不容。惟海盜一流，在所嚴辦。蓋因海盜為諸國所同惡者也。夫港地既為人之樂土，則適此土者，當生感激之心，乃有官兵紅兵[5]，借此地以置辦船隻，打造軍裝，殊屬放恣無忌，獨不思我大憲。雖不與中國之事，然斷不容人在此造作戰具，以延此日禍也。故特立禁條五欵，開別於左：

——各色人等，在香港居住者，不許協助內地兩造交鋒之人，無論將自身投入軍中，或招集他人作隊，或售賣接濟軍器，或備辦分撥船隻等弊，倘有違例者，罰銀五千圓，並監禁兩年。

——凡有船隻插內地旗式，到本港海面停泊者，倘若香港經歷官諭其離港，須立即遵命，倘敢故違，定將船隻拘拿，連船中貨物，一概充公。

——自本年英二月初一日起，不許人在本港製造火藥、鑄火炮、炮碼等具，倘有違例者，罰銀五百圓，並監禁十二月。

——凡欲沽賣大炮火藥炮碼等，每次須由刑訟司正使，或兩位紳士，請領牌照，方准發賣。倘未領照而私售者，每次罰銀一千圓，並監禁十二個月。除打獵之來路鎗、手鎗等件，免其領牌照，至於來路火藥，亦准免牌發賣，但每次只准沽出五磅以下。

——如有製造火藥鑄炮之屋宇，倘經查出，定將屋內之人拿獲，其賃主或督辦之人，按例罰銀一千大圓，並監禁十二個月。

一八五五年八月一日　第八號

禁止販賣女兒，並在本港載客往上海擾亂事

按英七月初六日，香港政令報所載，邇來閩浙總督出一告示，言寧波近有匪徒，購買良民女兒，用船運至外邦販賣，殊屬喪良已甚。獨不思皇皇國憲，律有明條，嗣後如有再犯者，定必嚴辦無赦，並知會外國官憲，共推民胞物與之懷，嚴止忍心害理之事。所以公使　包令大人曉諭五港，如有購買唐人女兒者，是犯役人為僕之條。若有英人違法者，五港口領事官必嚴拿究辦云。

上海官憲，詳文本港制軍，言本港船隻，近日多運唐人徑到上海。而所運之客，悉無事之人，不過為逃命而來，希圖逞狡耳。本港制軍，故傳勸各船船主，嗣後如有載唐客往上海等處，務須小心謹慎，審察其人良歹何如，然後可搭，不可如前渾載也。

一八五五年十二月一日　第十二號

本港大憲，曾有示諭，凡華民來港者，不分其在內地為人如何，一體任其安居。茲聞有千百成羣圖謀不軌者，故大憲再出禁示如左：

大英欽奉全權公使大臣總理五港英商貿易事宜、總督香港地方水陸軍務男爵包，為曉諭嚴禁事，照得香港一島，係屬大英主掌治理之區，所有各國良民赴此，安分貿易，國制自應為之保護，若敢犯違條例，不論何國人民，亦不能免其罰。近聞有人膽敢在此聚衆，潛謀舉動，欲向大清國朝滋事興變，豈不知似此主謀協從，均大干本國例禁，厥辜甚重，合亟出示嚴行禁止。為此

5　上海劉麗川起義反清，領導的小刀會軍隊，用紅巾包頭，因稱紅兵。

示諭，闔港寓居各色人等知悉，凡有中外各國民庶，如敢在於本港內會議興謀，意圖中土，無論何地何人，用武攻擊殘害者，發覺無不從嚴宄（究）辦。至爾等華民，其仍為守分安處，方得藉庇如恒。倘敢負恩，妄藉此地聚謀圖變，一經查出，尅日拘獲，解送中土官憲懲治。本大臣言出法隨，各宜凜遵，毋違特示。

一八五六年一月一日　第一號

大憲議築海傍大路事

本港總督大人，欲在海邊築一大路，接連上環，直至兵房止。不特利便客商上落，且夜間綠衣[6]亦能巡輯海盜，實為港內之大利益者也。不謂附海舖客，間有各為己私，以為舖後設路，則貨物上落不便，且所上某貨，悉已被人窺知，以故多有不欲者。于本月初三日，同赴憲衙遞禀，請罷是議。大憲以利溥為心，諭以不可以私廢公之義，不允其請。業經章程已定，不日舉行矣。

6　香港最初的警隊是由退伍的英印軍人組成，當時他們身穿綠衣制服，所以被稱為「綠衣」，即警察。

二、戶籍人口

上：1850 年代大潭篤村落（威廉．洛德繪）。

下：1850年代灣仔春園一角（屈臣醫生素描）。

英人來治香港之前，僅有疏落的小村和漁戶，及開港之初，人口亦不多。其後，南來的華人大增。港英政府自一八四五年起開始統計人口。《遐邇貫珍》彙輯的戶籍人口是自一八四五年起至一八五四年。據此，可見香港島人口的變遷，而總的方向是以遷入使人口有所增加。尤其是一八五零年太平天國起事之後，由廣東各縣遷徙而至的各業人士陸增。他們有帶備資金來營商的；也有掌握專門技能來打工的；亦有一些通曉文墨的士子。《遐邇貫珍》將官方主事部門就有關一八五四年的詳細戶籍資料刊出，使我們看到除人口數量及其分佈外，還把各種行業也臚列出來，令一些已經湮滅或即將式微的行業重現紙上，如：柴炭舖、打棉花店、燒灰爐兼灰店、煮鹽局等，而打石寮的作業，是香港曾經盛產花崗岩的明證。同時，也統計出水上人家艇戶的人口，另有身故人數的統計，推算中國人落葉歸根的習俗——帶病還鄉，不想客死異地。資料是非常寶貴的。後附評論文章——〈香港人數加多、幼男多於幼女論〉，抨擊華人重男輕女的傳統思想。

一八五四年四月一日　第三、四號（合刊）

香港戶口自乙巳年起，有籍可按，茲為分年臚列於左：

乙巳（一八四五）年二萬四千一百五十七人

丙午（一八四六）年二萬二千四百五十三人

丁未（一八四七）年二萬三千八百七十二人

戊申（一八四八）年二萬七千五百一十四人

己酉（一八四九）年二萬九千五百零七人

庚戌（一八五零）年三萬三千二百九十二人

辛亥（一八五一）年三萬二千九百八十三人

壬子（一八五二）年三萬七千零五十人

癸丑（一八五三）年三萬九千零一十七人

一八五四年五月一日　第五號

香港管戶口籍官核計，癸丑年中土人死者每一百零六人死一人，此亦不能作為極準之數，因有甫經起病，即旋原籍鄉里者亦不少。至在英國，則實有籍可稽，以上年計之，每四百人死者九人。

本港共計營署及英華行館舖屋，現有二千九百零七間。

一八五五年五月一日　第五號

我大英編審國內戶口，以十年為期，另設有司以專司其事，每家先給印單一紙，家主于該年除夕，將所寓于家內者，書其姓名、年紀習業，男女老幼，無一不列載詳明。有司繳單，編審成冊，上之總監督署，監督疏報國會，以便頒行國中。自立例以來，按期舉行，靡有廢弛，即如本港自一千八百四十八年以來，無不每歲編審戶口，蓋以本港新開小地，易于舉行，茲將監督官所報，本港舊年（編按：即一八五四年）十二月戶口若干、居民習業若何，臚列于左：

——英等諸遠人戶所，如衙門、兵房、堆卡、差館等，坐落裙帶路[1]者，五十六間，在各處村落者，十四間。

禮拜堂，裙帶路六間，村落二間。

唐人及回回廟宇，裙帶路三間，村落七間。

商行及住家，每年租銀一百磅以上，裙帶路一百一十四間，村落二間。

行商住家，每年租銀一百磅以下，裙帶路二百零九間。

吉行吉樓，裙帶路九間，村落二間。

共計四百二十四間。

——唐人舖屋習業，如麪飽（麪包）舖，裙帶路十一間。

竹舖，裙帶路十五間。

剃頭舖，裙帶路三十五間，村落二十間。

沐浴房，裙帶路五間。

1 裙帶路，港島舊地名。因從海面遠觀香港，斜路如裙帶，因而得名。清陳鏸勳著《香港雜記》在〈地理形勢〉篇中有云：「唐人渡船由東便入者，遠望香港，斜路如裙帶然，因此路名裙帶。」按裙帶路相當於現在中、上環一帶，亦有說成是灣仔至黃泥涌之間。也有將裙帶路寫作裙大路。

荳腐舖，裙帶路九間，村落四間。
雀鳥舖，裙帶路二間。
打鐵舖，裙帶路十九間，村落三間。
船廠，裙帶路十九間，村落十五間。
打銅舖，裙帶路九間。
娼寮，裙帶路二十七間。
福潮行及經紀館，裙帶路九間。
屠行，裙帶路五十三間，村落一間。
木匠舖，裙帶路一百一十一間，村落五間。
雜貨舖，裙帶路一百九十七間，村落八十八間。
柴炭舖，裙帶路十二間。
打掙舖，裙帶路五間，村落六間。
茶糕店，裙帶路二十八間。
牛欄，裙帶路二十四間，村落一間。
買辦館，裙帶路二十二間。
缸瓦兼磁器舖，裙帶路二間。
新衣舖，裙帶路十三間，村落九間。
牛乳舖，裙帶路八間。
賣布舖，裙帶路五十九間，村落四間。

藥材舖，裙帶路二十五間，村落十三間。
行醫寓所，裙帶路十間。
染房，裙帶路二間。
高樓兼晏店，裙帶路十四間。
繡花舖，裙帶路二間。
住家，裙帶路三百五十八間，村落二百六十九間。
農夫庄，裙帶路二間，村落二百一十二間。
漁父宅，裙帶路一間，村落三十九間。
海鮮兼鹹魚舖，裙帶路五十三間，村落一間。
花園，裙帶路二間，村落一間。
洋貨舖，裙帶路五十六間。
占卦算命寓所，裙帶路二間。
生菓舖，裙帶路三十六間，村落二間。
菜園，裙帶路三間，村落五間。
玻璃舖，裙帶路二間。
金銀首飾及鐘錶舖，裙帶路二十一間，村落三間。
割草者寓所，裙帶路三間，村落十四間。
菜舖，裙帶路二十二間，村落七間。
茶舖，裙帶路二間。

帽舖，裙帶路二間。
香寶舖，裙帶路十五間，村落十八間。
雕象牙舖，裙帶路一間。
挑担寓所，裙帶路四十三間，村落一間。
燒灰爐兼灰店，裙帶路十一間，村落二間。
泥水店，裙帶路二十一間，村落四間。
打包舖，裙帶路八間。
會館，裙帶路一間。
找錢檯兼睇艮店，裙帶路十四間。
鴉片烟舖，裙帶路三十七間，村落四間。
槳櫓舖，村落二間。
舊料店，裙帶路十五間。
油漆店，裙帶路十一間。
當舖，裙帶路九間。
寫畫店，裙帶路七間。
引水館，裙帶路二間。
雞行，裙帶路十七間。
買豬客店，裙帶路十六間。
糖菓店，裙帶路一間。

道館，裙帶路一間。
打棉花店，裙帶路二間。
織籐店，裙帶路一間。
㸃纜店，裙帶路七間，村落十間。
煮鹽局，裙帶路三間。
鹽舖，裙帶路一間。
賃轎店，裙帶路四間。
書館，裙帶路六間，村落二間。
鞋店，裙帶路三十五間。
棉羊店，裙帶路二間。
退衣店，裙帶路三間。
文房店，裙帶路五間。
打石寮，裙帶路七間，村落一百零六間。
牛皮店，裙帶路二間，村落一間。
諸國裁縫店，裙帶路三十六間。
唐衣裁縫店，裙帶路二十間，村落四間。
地保屋，裙帶路四間，村落一間。
生煙店，裙帶路七間。
磚瓦店，裙帶路三間。

馬口鐵店，裙帶路一間。
遮店，裙帶路六間。
仵作館，裙帶路二間，村落二間。
吉店，裙帶路二十間，村落五十間。
洗衣館，裙帶路三十九間。
杉店，裙帶路十間，村落一間。
漏查各項生意店，裙帶路二十間。
已建及目下現建新屋，裙帶路二十九間。
共計唐人舖屋，裙帶路連村落得二千七百四十一間。
——記本港各處所泊艚漁等船，如艚船，裙帶路十八隻。
貨船，裙帶路五十三隻，石排灣三隻。
杉船，裙帶路二十一隻，柴灣二隻。
渡船，裙帶路三十七隻，石排灣八隻，赤柱二隻，柴灣二隻。
鹽船，裙帶路八十隻，石排灣一隻。
華艇，裙帶路二十九隻。
運貨艇，裙帶路五十一隻。
漁船，裙帶路三百四十二隻，石排灣一百三十二隻，赤柱七十二隻，柴灣與筲箕灣共七十三隻，石澳一隻。
蝦苟等，裙帶路一百七十一隻。

賣飯食船，石排灣一隻。

運水艇，裙帶路二十隻。

三板等，裙帶路一千八百四十二隻，石排灣四百六十九隻，赤柱六十二隻，柴灣三隻，石澳三隻。

石船，裙帶路二十五隻。

火食艇，裙帶路八十七隻。

以上各船艇共計三千六百三十二隻。

——記本港舊年十二月除夕修冊，各式人數如大英與花旗[2]男丁三百二十六、女丁八十七、幼男四十六、幼女三十八，共計四百九十七口，兵丁不列。

西洋人[3]，男丁二百一十八、女丁一百五十三、幼男六十八、幼女八十，共計五百一十九口。

印度馬利小呂宋等人，男丁一百九十三、女丁五十、幼男四十七、幼女三十八，共計三百二十八口。

諸國暫寄寓人，男丁二百九十六、女丁三人，共計二百九十九口。

唐人在諸國手下顧工者，男丁三千、女丁一百二十四。

唐人住于裙帶路者，男丁一萬四千八百三十六、女丁四千五百零五、幼男二千零五十五、幼

2 花旗，即美國。

3 西洋人，即葡萄牙人。香港開埠之初，不少居澳門的葡人來港發展，開辦印務所、商行等，並充當翻譯，幫了英國人不少忙。

女一千七百三十二。

唐人暫時寄寓兼無事業者，男丁六百、女丁七十。

唐人待船往金山者，男丁六百、女丁二人。

唐人在裙帶路水上為家者，男丁八千三百五十五、女丁三千五百三十一、幼男二千五百二十八、幼女一千五百零八。

唐人在石排灣等處水面為家者，男丁二千三百八十三、女丁一千二百、幼男一千零一十、幼女六百七十四。

唐人住于村落者，男丁三千三百二十九、女丁九百八十五、幼男六百二十七、幼女三百一十八，共計唐人男丁三萬三千一百零三口、女丁一萬零四百一十七口、幼男六千二百二十口、幼女四千三百三十二口。合而算之唐人總數五萬四千七十二口。

——記唐人舊年在本港身故者，如在裙帶路屋內死者，一百九十三，在路上死者，六十四，在監房及王家醫局死者，二十七。在石排灣及左右村落死者，十五人。在赤柱大潭等處死者，十五人。在柴灣死者十五人。在黃泥涌死者七人。在掃捍埔死者二十一人。在各處路上死而無主者二十人。共計三百七十七人。

以唐人數萬之多，而一歲中身故者僅三百七十七人，誠不可謂多矣。大抵于歲中帶病回鄉西歸故里者，亦復不少。

香港人數加多，幼男多于幼女論[4]

粵稽道光戊申（一八四八）年，唐人居于香港者，有二萬二千四百九十六口，至咸豐元年（一八五一年），數已加至二萬八千四百六十三口，詎料舊年約增至五萬五千人之多，究其原故有二。一因近來粵東內地擾亂[5]，省垣震驚，唐人以本港為樂土，故挈眷源源而來。一因本港官清法善，到處傳揚，唐人聞風悉來營業，故近悅遠來，如魚龍之趨大壑焉。所願英唐交易以禮，彼此相敬，不以秦越相視，是余所厚望也。今披舊年人口之冊，所載唐人數目，其中有令人生疑者。夫所載幼男六千二百二十口，而幼女止有四千三百三十二口，則幼女之少于幼男者一千八百八十八口。內在裙帶路者，幼男二千零五十五口，幼女一千七百三十二口，幼女之少于幼男者三百三十二口。在水面為家者，幼男三千五百三十八口，幼女二千一百八十二口，幼女之少于幼男者，一千三百五十六口。在村落者，幼男六百二十七口，幼女四百一十八口，幼女之少于幼男者，二百零九口。夫男女之數，相去如此，非天生使然，必由人作弊耳。自上帝造人，一男一女配為夫婦，開闢以來，降生於世者，男女多少，約略相同，雖或國中有一人數妻，或一人一妻，而另立少妾者，然亦止害風俗，原不礙于上帝生人之心。今本港唐人，幼男多于幼女者，必有緣故。或曰唐人輕女而重男，多生女兒每棄而不育，此幼男多于幼女職是故也。竊思人間不分男女，皆來托生，為父母者，宜念上帝好生之意，既來則安，方不失慈愛之道。華夏殺其女兒者，必下賤無賴之輩，明理良民，烏有如此惡習耶！本港官府，嗣後必嚴究此事，按大英律法，殺却嬰兒者，與凶手殺人同罪，爾唐人不可不知。嘗讀大清律例，有載其子孫違犯教令，而祖父母、父母非理毆殺者，杖一百，故殺者，杖六十，徒一年。此外別無論及父母殺嬰兒之條。然即其所載故殺者，杖六十徒一年，實是處之太輕，泰西諸國無不見異。至父母殺嬰兒一欵，律無明

4 這是一篇評論文章，由《遐邇貫珍》的主編撰寫，而且可能是洋教士執筆。

5 這裏是指太平天國起事。

文，官無討罰，此國政不彰，民俗澆漓，莫此為甚。繼嗣令，我本港或在水面船中、或在岸上村落，如有此弊，大憲定必窮究其情，悉置之法，斷不令英地長此頹風，奉勸唐人，知過而改，勿取罪戾可也。夫殺嬰兒者，既下犯國憲，而且上干天怒，人法且不容，何況帝審乎！

三、立法定例

右：1837 年登位的維多利亞女皇，在位六十四年，是英國殖民地高峰期的最高統治者。

左：1843 年 4 月 5 日英國頒佈以《皇室憲章》在香港實施殖民統治。

英國取得香港，進行統治，必須有法，遂於一八四三年四月五日，頒佈以《皇室憲章》在香港施行殖民統治。同時，英倫又授與港督制定香港法律的權力。早期的立法機構稱之為「定例局」（後來改稱立法局）。這裏收入《遐邇貫珍》的〈本港議創新例〉文章，是替港英政府向華人解釋如何立法定例，其中先經過將條例刊登在官報，讓各界人士知曉，並收納意見，以便修補，更讚譽為「至善之法」。

同時，《遐邇貫珍》特意將新近刊於官報的地保條例詳為譯出，是有關早期港英政府要借助華人的保甲制度來分擔他們在管治上的工作，資料頗為珍貴。

本港議創新例

前於第一號篇內，曾叙及佐理總憲者有創例一堂，蓋專為本港地方創新條例而設。照向有行過成規，凡條例當甫經議定，尚未頒行之初，先刊入本港官報日抄內，俾衆目共覩，咸瞭然於例中情節，如有參評佐論者，均聽其便而進說焉。此誠至善之法也。因每有多例，實與閭閻[1]中富行庶業[2]大宗要族[3]恒有關涉。而在創例者，總未能細加體察庶類羣倫之中，洞悉其習俗所安，及羣情所鼓舞者何事，衆志所負屈者何條，以致其例雖創行，而卒之莫能收其效，且與初心相違也。若預公諸同人，使得遍閱，則例中或有缺漏，或於輿情間有未協者，即可各持其說，以聞於官，或附入於官報日抄內，庶至[4]頒行之日，於缺者補之，否者改之，非然者於甫定議之時，輒即頒行，安能悉臻妥協如此乎！現於前月十五日官報內，曾照此法刊有一條，於本港中土人，所關甚鉅，原係專為彼等裨益起見，茲將其畧，詳譯於左，俾識者閱之，即見有稍未允合之處，各就所見，為函以達本館，使得披覽，當於下號篇內刊白以表之。

近日來港者，冠冕之彥，接踵日增，凡有緣事而隸各司署審理其詞訟者，亦復不少。惟一切措辦處置，皆以英國言詞意旨為指揮。在中土人，能了悟明徹者，實未多覯，雖有通譯人為之傳述轉達，而各司署科條規矩，迥然殊異。故遇有要案，中土人恒託英狀師代為辦理。其狀師之費太奢，在案關（涉）為數無幾之債項，尚不為難。因數在五十圓下者，可以歸刑訟司署即巡理廳稟請飭發差票，即獲定讞。惟數屬繁鉅者，殊覺煩難，需資費既多，而延時日更久。茲特創立此例，乃於中土人有交涉事件其銀數無論多寡，俱向地保，會同勷辦人理斷，無庸費絲毫之資。然亦非遇事概令人詣地保處辦理，所有本港各司署，仍聽人之赴理焉。不過各隨其適，任人擇善而從之耳。且以此法而論，其斷處顯臻公允。蓋中土人，必能自諳悉其本俗之風氣習尚，以擬各司署人員審理，豈不較勝一籌也！例內畧載：其一曰，分本港地為若干圖，每地保轄一圖，如某圖眾人，欲舉行此例者，必統計圖內人數；居其大半，簽名聯禀總憲，始准其舉行，然亦只行於本圖內地方而已，圖外不得踰越。其二曰，禀准後，該圖民人，即於圖內居住者，選擇二十四人為勷辦，即於二十四人內，推舉一人為地保。勷辦及地保，俱逾一年則更換之。其三曰，地保之薪水，每月若干，由勷辦人公議，其項所從出，計圖內民人，按戶分攤，視所居之屋，該租幾何，核其數而遞抽之。其四曰，設有兩造[5]涉訟，即許其聲請地保，會同勷辦人秉公剖斷，兩造俱願聽其斷處者，應先赴刑訟司署禀報，由該司署飭令地保邀集勷辦人公同議斷。斷後，仍由該司署責成兩造，晝具遵依無違。其五曰，公同會集之際，至少必得勷辦五人同座為率，不滿此數，地保不得遽行斷理。凡此例之設，惟屬一切詞訟控訴交涉事件，聽地保等辦理。至於命盜姦拐，一切干犯例禁之案，仍歸司署究辦，概與地保等無涉。

一八五四年一月一日 第一號

前第四號篇內，曾叙本港地保各條例，茲擬增改數語。前云勷辦人以二十四名為額，茲改定

1 閭，里門也；閻，里中門也，亦指里巷。閭閻，泛指民間、大眾。
2 富有的行商和一般的行業。
3 大的宗親和望族。
4 即將、將至之意。
5 訟事雙方，猶今之原告、被告。《呂刑》亦載：「兩造具備，師聽五辭」。

為十二名；前云會議時同座者以五人為率，今改定為三人。又增一條曰，同坐會議之際，倘有事出於可否兩岐者，勷辦人或左祖，或右祖，各署名於紙，隨視署名多寡之數，以較定所議。凡地保署名，抵作勷辦人二名核計。

四、財政稅收

1850年代港英政府在賣地收入上明顯增加。此圖由法國張伯羅恩中校繪畫，其時中區尚未填海造地。香港自開埠開始，中環就一直是大公司、巨企的駐所，為政府帶來不少稅收。

從《遐邇貫珍》可以看到香港建立初期十年的財政狀況，可說是現存有關香港早期財政的最早中文資料，彌足珍貴。

毋庸置疑，開港之初，建官署、闢馬路、蓋碼頭、修水塘、鋪管道，均需龐大資金，這對初生的香港來說，稅收還是極為微薄，根本無法負擔，遂有連年入不敷支的情況。英國亦深明開創新港在在需要資金，所以源源撥款支給。但經過七八年之後，不知英國是不耐煩還是頗感吃力，理藩院的殖民地主管指令香港應要量入為出，不能再伸手求撥款。經這「行文飭駁」，港英政府惟有自思解救之法，也不知是否窮則變、變則通，就像是變魔法那樣，竟然可以迅速在一八五五年將財政赤字扭轉，並錄得盈餘。究其原因，其靈丹妙藥就是——賣地。這一年來自地價地稅的收入超逾十三萬銀圓，而全年總財政收入為二十三萬銀圓多一點，即佔約百分之五十六。盈餘錄得三萬四千多銀圓。

一八五三年八月一日　第一號

五月十五日，香港有官地十九段出批，英人承批十四段，漢人承批五段。

一八五四年四月一日　第三、四號（合刊）

正月二十四日，本港投估地址九段，為中土人承投者五段。

香港庫使示，所有本港地稅，自諭之日為始，以後俱一律將大板洋圓交庫，不得如前隨以雜式銀錢呈納。[1]

香港自乙巳至上年，每歲國家支放俸薪及各項經費，除兵餉不計外，有籍可按，茲分年臚列於左：

乙巳（一八四五）年用銀六萬六千七百二十七鎊（每鎊四圓八毫）[2]
丙午（一八四六）年用銀六萬〇三百五十一鎊
丁未（一八四七）年用銀五萬〇九百六十鎊
戊申（一八四八）年用銀六萬二千六百五十九鎊
己酉（一八四九）年用銀三萬八千九百八十六鎊
庚戌（一八五零）年用銀三萬四千三百一十五鎊
辛亥（一八五一）年用銀三萬四千一百一十五鎊
壬子（一八五二）年用銀三萬四千七百六十六鎊
癸丑（一八五三）年用銀三萬六千四百一十九鎊

本港癸丑年計，征地稅及各雜餉共銀二萬四千七百鎊。

其每年不敷支放者，皆由國家紳士院[3]議欵撥解前來。

一八五四年九月一日　第九號

香港地方，每年俸糈[4]及各經費，約需銀若干，由本港抽收稅項支發，其不敷之數，預行呈報本國，由紳士院議欵撥解來港支放。上年請領撥欵，經總理藩務大臣[5]行文飭駁，畧云，該港闢土已歷多年，初年所徵稅項，不敷支放，由國家指撥。今宜通盤核計，量入為出，除公使及僚佐官、量地官、帑餉官四項俸薪，仍由國家支給，此外一概不得濫支國帑，即以該港所入之項，量為裁汰支應可也。

一八五五年四月一日　第四號

一千八百五十四年，香港全島進支糧餉費項總數開列：

——進地稅　銀　五萬六千七百六十二圓[6]五毫七

——進租項　銀　一萬零九百一十三圓

1 鴉片戰爭前後期，歐洲和美洲各國的銀元湧入中國市場，兌換比較混亂，詳見「五、貿易通貨」。

2 原文作磅，今全部改為鎊。這裏說明一鎊可兌換成四圓八毫。

3 紳士院今稱作上議院。

4 糈，意即糧食、糧餉。這裏的俸糈，即薪俸之意。

5 英國設有專門管理殖民地的部門，當時譯為理藩院，其長官就是理藩大臣。

6 原文的員和毛，今統一改作圓和毫。

牌照

——進販賣零星燒酒牌照　銀　一萬〇三百六十一圓二毫三

——進餉押牌照　銀　三千一百五十圓

——進開投貨物牌照　銀　七百五十圓

——進販鹽經紀開山挖石牌照　銀　二千〇五十圓

——進開設玻檯牌照　銀　二百圓

——進販賣零星烟土煮熟烟膏牌照　銀　八千九百一十二圓一毫八

——進開設水手歇店牌照　銀　五百〇二圓

共牌照銀二萬五千九百二十五圓四毫一

差役餉銀

——進一千八百五十三年數尾　銀　五百九十六圓八毫二

——進一千八百五十四年餉　銀　一萬四千一百四十二圓五十九

——進一千八百五十四年
所出第一條則例加抽餉項　銀　一千二百三十圓〇三毫七

共差餉銀一萬五千九百六十九圓七毫八

官衙罰項票金等

——進按司衙門罰項　銀　六十圓

——進刑訟司衙門並必地些臣堂罰項　銀　二千七百七十圓〇三毫四

——進全港船政官署罰項　銀　一百三十一圓二毫四

——進巡捕官署罰項　銀　二百九十三圓三毫二
——進捕廳官署罰項　銀　二十四圓二毫四
——進紳士一位罰項　銀　二十八圓五毫六
共罰項銀三千三百〇七圓七毫一
——進按司衙門票金差費　銀　三千七百三十八圓三毫六
——進刑訟司衙門並必地些臣堂票金　銀　六百〇五圓九毫三
共票金差費銀四千三百四十四圓二毫九
——進巡捕官署船艇貨物充公總項　銀　二百三十八圓三毫五
——進婚姻帖　銀　四十四圓
——進黃泥涌山墳塚地　銀　五百三十五圓二毫四
——進官衙簽蓋印　銀　八百一十六圓
——進監督官發船艇小販牌照　銀　三千三百七十三圓零二
——進轉換地紙　銀　五百三十六圓
——進船照　銀　四十五圓
——進洋船在港僱請水手抽項　銀　四千四百三十六圓
——進賣地　銀　一千一百六十圓
——進收回費項　銀　一千二百〇六圓六毫四五
——進雜項　銀　二十六圓一毫六
——進各零碎數　銀　一百七十七圓六毫五

（合共銀一萬二千五百九十四圓零六五）

總共進銀壹拾二萬九千八百十六圓八毫二五

——支總憲署	銀一萬四千一百七十七圓六毫
——支全港僚佐官署	銀一萬二千二百十二圓九毫八
——支帑項僚佐官署	銀七千六百二十圓二毫六
——支總理全港數目官署	銀四千一百零八圓二毫二
——支創例堂司事房	銀五百零三圓零八
——支量地僚佐官署	銀六千三百四十七圓一毫五
——支監督官署	銀一千九百十二圓零六
——支全港船政官署	銀六千三百二十二圓五毫二
——支督記婚姻事務官	銀二百四十一圓九毫二
——支督理適他國人等事務官署	銀五百六十六圓五毫
——支管理差餉官署	銀六百零五圓四毫二
——支按司衙門	銀二萬七千六百六十四圓六毫六
——支教師堂	銀四千六百七十三圓二毫
——支醫生院	銀一千七百七十五圓
——支醫藥局	銀六百二十四圓
——支管學書館	銀五百二十八圓三毫六
——支刑訟司衙門	銀一萬零八百一十五圓五毫三

——支捕廳官署	銀　五千九百九十五圓六毫三
——支總領巡捕官署	銀　一萬六千零三十一圓一毫二
——支民壯費項	銀　一千一百一十圓一毫五
——支歸田俸並捐助	銀　五十五圓
——支收理稅務碎費	銀　九百七十圓零九毫五
——支各審判公衙碎用	銀　三百六十六圓七毫二
——支官學書館碎項	銀　六十七圓
——支醫局碎用	銀　一千零十九圓六毫九
——支差館監房雜項	銀　七千六百七十五圓六毫六
——支租項	銀　五千一百九十二圓
——支犯人充軍費用	銀　一千零八十三圓零二
——支信資各項載脚	銀　八百三十七圓二毫
——支建造	銀　二萬二千零二十八圓五毫九
——支收整街衢橋路	銀　三千一百一十一圓八毫三
——支買受田宅	銀　五圓
	總共支出銀壹拾六萬六千二百四十八圓零二

除進數外，實不敷銀三萬六千四百三十一圓二毫，由大英國庫給出。

已上所錄，本港舊年進支糧餉各數，讀者或以為此欵無關于致知格物之義，無與于推情度理之端，載列《貫珍》甚無為也。余今畧說其意，蓋欲以表大英等國常例耳。夫賦稅之法，何國無之，乃君所必需于民，下所宜供給于上，古今通例，未之或亡。凡國之聘問諸禮，與夫百官有司稟祿百度皆依賴焉。且取諸天下者，還為天下用之，人主之倉稟府庫，豈厲民而以自養耶！故大英等國，每年以國庫之進支出入，著之簡冊，稟于國會上下公院[7]，以徧告眾民。倘所進者，或有苛刻聚斂之弊；所支者，或有奢侈耗費之端，則于公院互相指摘，國中執政大臣，必須從中辨別，苟能釋疑，民心始服。若果有横征私派等弊，概行革除，至有為民貨財之賊者，處以重罰。此法取民有制，節用愛人，余嘗考地球諸國，每見能行斯法者，其國必興。上無空乏，下無怨家，官清民和，遠來近悅，樂何如也！嘗聞中國與余為友者，說及官府所取于民，不入國庫者強半，所受以給兵，而不如數以與者亦然，此言果否，余不敢置議。惟以上所陳大英等國之常例，華夏未有行之，故敢略錄其概，庶使行政者于修己治人之方，或未必無小補云。

一八五六年二月一日 第二號

香港自一千八百五十五年英正月起至十二月止，王家共投賣地價銀七萬五千四百六十圓，該地每年應納稅銀一萬八千二百五十一圓。

一八五六年三月一日 第三號

一千八百五十五年，香港進支糧餉費項總數開列：

——進地價地稅	銀	十三萬二千六百四十七圓一毫五
——進屋租等項	銀	一萬二千八百四十六圓四毫
牌照		
——進販賣零星燒酒牌照	銀	一萬二千零六十圓一毫四

——進餉押牌照　銀　三千八百五十大圓
——進開投貨物牌照　銀　一千零五十圓
——進販鹽經紀餉　銀　一千五百八十圓
——進開山挖石餉　銀　七百十五圓
——進開設玻檯牌照　銀　一百五十圓
——進販賣零星烟土煮熟烟膏牌照　銀　一萬二千二百七十九圓四毫四
——進開設水手歇店牌照　銀　四百九十四圓
八柱牌照共進餉銀三萬一百六十八圓五毫八[8]

差役餉銀

——進一千八百五十四年數尾　銀　四百六十六圓四毫五
——進一千八百五十五年餉　銀　一萬八千三百三十六圓
共進差餉銀一萬八千八百〇二圓四毫五

官署罰項票金等

——進臬憲衙門罰項　銀　一千零二十圓
——進刑訟司衙門並紳士堂罰項　銀　四千八百二十三圓一毫八五
——進香港船政廳罰項　銀　一百一十圓六毫

7　上下公院即上下議院。

8　八柱，可理解為八個項目。這裏合起來的總數三萬一百六十八圓五毫八有誤。實際計算起來是三萬二千一百七十八圓五毫八，即少了二千零十圓。而這數字還可以驗證最後的總共進銀二十三萬零二百七十三圓零六五。

——進巡捕官署罰項　銀二百八十四圓零六
——進捕廳署罰項　銀二十圓
——進紳士一位罰項　銀三十六圓
六柱共進罰項銀六千二百九十三圓八毫四
——進臬憲衙門票金差費　銀三千四百八十五圓六毫六
——進刑訟司衙門並紳士堂票金　銀九百五十二圓六毫五
二共進票金銀四千四百三十八圓三毫一
——進巡捕官署充公貨物總項　銀七百六十六圓六毫二
——進婚姻帖　銀三十六圓
——進黃泥涌山墳塚地　銀九百八十四圓八毫
——進各官衙簽字蓋印　銀九百三十八圓
——進監督署發船艇連小販牌照　銀六千五百九十二圓六毫二
——進轉換地紙　銀九百十三圓六毫四
——進洋船在港僱請水手抽收用項　銀五千零三十八圓
——進大牌照　銀八百六十圓
——進驗船並丈量船隻　銀一千零八十圓
——進賣物業　銀六百七十五圓
——進收回費項　銀一千七百六十九圓一毫二
——進雜項　銀三千二百零一圓七毫八

—進各零碎數	銀　二百十圓七毫五
	（合共銀二萬三千零六十六圓三毫三）
	總共進銀二十三萬零二百七十三圓零六五
—支總憲署	銀　一萬二千八百八十九圓一毫五
—支香港僚佐官署	銀　一萬一千七百九十一圓八毫四
—支帑項僚佐官署	銀　六千五百二十六圓四毫四
—支總理香港數目官署	銀　三千六百三十五圓九毫九
—支創例堂司事房	銀　五百三十一圓二毫四
—支量地僚佐官署	銀　六千八百十七圓零六
—支監督官署	銀　一千七百五十二圓四毫三
—支香港船政廳	銀　六千三百七十一圓六毫一
—支督記婚姻事務官	銀　二百四十圓
—支督理適他國搭客船隻事務官署	銀　九百六十二圓三毫一
—支管理差餉官署	銀　五百九十一圓五毫三
—支臬憲衙門	銀　二萬九千一百五十八圓四毫六
—支耶穌教師堂	銀　三千五百三十六圓八毫二
—支醫生院	銀　九百六十圓
—支醫藥局	銀　六百二十四圓
—支各義學	銀　六百五十八圓一毫七

——支刑訟司衙門	銀　一萬零五百八十四圓六毫一
——支捕廳官署	銀　五千三百四十八圓五毫三
——支總領巡捕官署	銀　二萬二千一百七十一圓一毫四
——支歸田俸並濟卹等項	銀　二千三百七十五圓六毫八
——支收理稅務雜費	銀　二千二百七十二圓五毫二
——支各審判公衙碎用	銀　二百七十三圓五毫四
——支義學書館費項	銀　二十三圓
——支醫局碎用	銀　一千三百五十七圓四毫七
——支差館監房費項	銀　八千八百九十一圓三毫八
——支租項	銀　三千七百七十圓三毫八
——支犯人充軍費用	銀　四千零八圓八毫八
——支建造	銀　四萬零一百十三圓六毫六
——支收整街衢橋路	銀　七千三百六十六圓一毫四
——支碎用	銀　三百零一圓一毫正

總共支出銀拾九萬五千九百零五圓零八

除支之外，實存銀三萬四千三百六十七圓九毫八五。

已上所錄本港舊年進支糧餉各數，乃大英常例，上自倫敦下及諸港，各將每年進支出入，載列簡冊，徧告眾民，以示無私。至所有兵船兵役糧餉，比之港內支費更多，然皆由大英國庫給發，不在此數之內。本港是年所入之多，乃因省垣擾亂，人民雲集故也。

五、貿易通貨

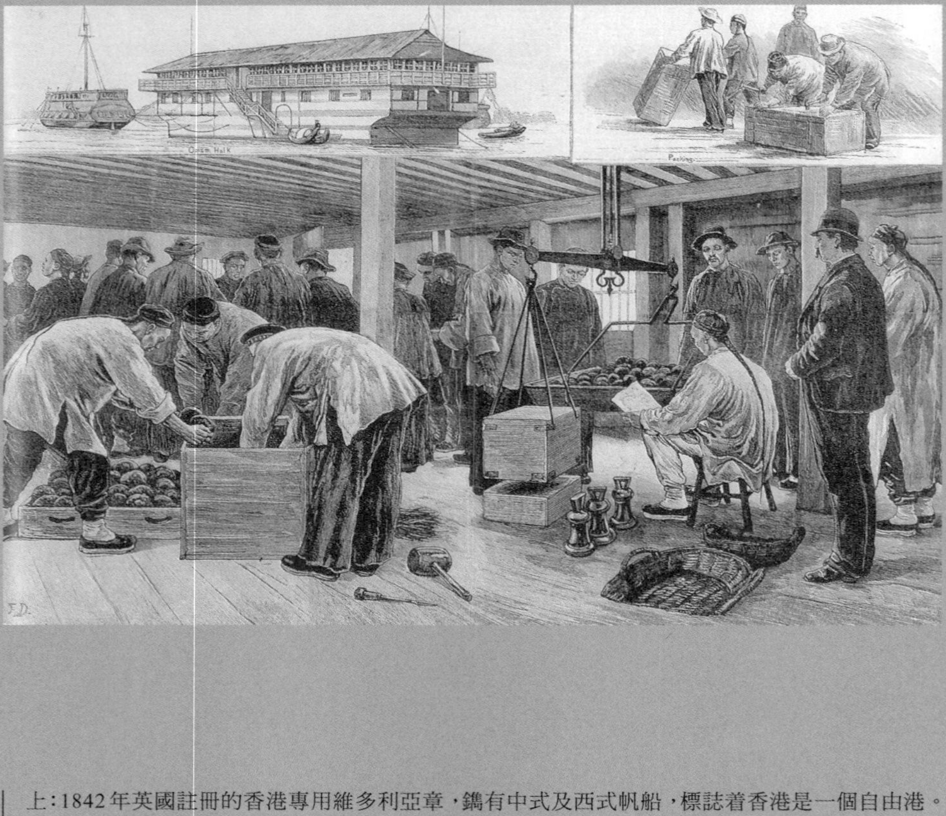

上：1842 年英國註冊的香港專用維多利亞章，鐫有中式及西式帆船，標誌着香港是一個自由港。

下：鴉片抵港後，忙於卸貨量重裝箱貿易。

香港開埠之初，產業不多，商貿往來，集中在轉口貿易方面，亦足以證明香港在地理位置上，一直是得天獨厚的良港。這裏輯錄的貿易資料，值得珍視的有三：一是鴉片煙的入口數量；二是進口湖絲證明香港的海上絲路地位；三是銀錠和各種銀幣的兑價。

清廷鑑於鴉片流毒日深，遂嚴禁鴉片，因而與英國發生激烈衝突，爆發鴉片戰爭。軟弱的清皇朝草草罷戰，簽下《南京條約》，將香港割讓給英國。香港落入英國手中，鴉片就不用走私，肆無忌憚地運進香港，而且發牌讓無良商人公然開店營銷，更大量的鴉片轉銷入內地，港英政府從鴉片煙得來的稅收，僅次於賣地收入，可想而知毒害之深。英商播毒發大財，中國人慘成「鴉片鬼」，經濟陷入崩潰。這些土煙鴉片，主要來自當年的英屬印度加爾各答。《遐邇貫珍》除了列出船運的鴉片箱數外，更收錄了一八五三年和一八五四年的總數量，分別是三萬六千四百九十九箱和四萬六千七百六十五箱。據親歷整場鴉片戰爭而又在旗昌洋行工作的美國人威廉·亨特（William C. Hunter），在其著書《廣州「番鬼」錄》談到每一箱鴉片重一擔，合一百三十三磅有餘。

早在東漢班固的《漢書·地理志》已記述了海上絲路的航線。其後，海上絲綢之路其中一個中心港便是廣州。而澳門在十六世紀亦由葡萄牙人開闢了「絲銀貿易」這條航線（參見黃天著〈十六世紀澳門和日本石見銀山的情緣〉，刊於《澳門歷史研究》第十一期，二零一二年十一月，頁二十五）。較遲才正式開埠的香港，究竟有沒有缺席海上絲綢貿易呢？《遐邇貫珍》作了證言，清楚記錄了湖絲經香港輸往外國。廣東雖然也有養蠶繅絲，但產量不足以應付需求，不得不向北求貨。浙江省的湖州，盛產生絲，故有湖絲之稱。而湖絲中最優品首推位於南潯附近的輯里絲，柔順而有光澤，是搶手的絲貨。筆者曾於二零一三年和二零一九年兩到南潯，參加學術研討會，了解到湖絲從明代已南運至廣州，然後由海路出口到海外。鴉片戰爭後，香港也成為湖絲的轉口中心。但好景不常，因為上海也據《南京條約》而要開港通商，南潯的絲商便紛紛搶到上海灘開設絲棧，經銷輯里湖絲，直接和外商交易。外國商行就在上海大量收購湖絲，由上海灘裝箱上船，運往歐美，不必再南下經廣州或香港出洋，省卻時間和金錢，所以香港轉售湖絲，也不過是十來年光景。

不論絲綢貿易、茶絲貿易，甚至是鴉片計賣，也得計價，然後以貨幣支付。當時，歐洲和美洲的國家都有鑄造銀幣，其中以西班牙鑄造的銀元最早通行於歐亞美三大洲，原因是西班牙取得擁有世界最大銀礦的墨西哥為殖民地，可以大量鑄造銀幣，運回西班牙，也讓其流通於他們在亞洲和美洲已建立的殖民地。這些銀幣，因重量統一，而且以枚計算，方便交易。其中西班牙的「十字銀幣」流入我國的時間早，數量也大。迨一八二一年，墨西哥脫離西班牙獨立，並於一八二五年鑄造「鷹洋」銀幣。這些「鷹洋」，自道光年間便大量流入中國，幾乎成為中國商貿的標準貨幣之一（參考自朱勇坤編著《金銀幣鑑定》，福州：福建美術出版社，二零一零年出版，頁二三〇至二四〇）。但英美法以及智利等國也各自鑄造銀幣，而中國則使用銀錠，如何作出統一的兌換價，以便於貿易？香港開埠之初，還沒有自己的港元貨幣（直到一八六四年才發行第一套硬幣）。雖然港英政府曾宣佈香港的通用貨幣以英國及印度的盧比貨幣為本位，但兌換價似乎有欠公平，所以普遍不受接納。作為西方列強之首英國，再定出簡易的貨幣兌換價——以一百兩銀錠為單位，定出與各種主要貨幣的兌換價。當然，這裏列出的兌換價，中國是否吃了虧，就得請經濟史學家來研究了。

一八五三年八月一日　第一號

五月二十日，有峨羅斯國鐵砲五十門師船一隻抵港，隨帶小火船一隻，均係經由西洋周歷大海而至。統領者有提督一員，其意欲晤駐粵欽差，求准海口通商，並詢前數年，屢有伊國商船駛抵上海，販皮換茶，何以不准進口。後復前詣日本，試創通商。終至黑龍江東北，伊屬地勘察加及北亞墨利加等處巡閱，其船上水手俱雄健異常。[1]

一八五三年十月一日　第三號

英國頒到詔諭，凡各屬地商民交易銀錢，使用司令[2]不得逾四十枚之數；如應二磅（鎊）以外者，皆以金錢支付，應令本港知悉遵行。行之定期限自本月朔始。[3]

一八五三年十二月一日　第五號

本月二十二日，有英國公局下旬火輪郵船到港，載來烟土[4]一千五百箱，金銀大小洋錢及未鑄之金銀大小件塊計一百九十萬圓。

1　俄羅斯也於一八五三年派出軍艦來到遠東，尋求和中國、日本通商。當年軍艦的司令 Putyatin（勃查甸，一八零三至一八八三年），率艦靠泊香港稍作補給便北上。八月航抵日本的長崎，與日本江戶幕府舉行會議，要求訂立通商條約。由於美國在翌年三月首先打開日本的門戶，訂立美日和親條約，所以俄羅斯亦順利於一八五五年二月和日本簽訂和親條約。

2　司令即先令（Shilling）。

3　朔，即月之第一日。

4　烟同煙，烟土是指未經熬製的鴉片。亦有稱鴉片為洋烟土。

一八五四年二月一日　第二號

本港西東火船公局出一公啟，致達各客商，販運湖絲[5]出口者，須加用堅料，牢固捆裝。因湖絲由火船驛路運赴英國，經麥西地方，由紅海馳至地中海等程途，皆用駱駝負運，恒多磨擦損壞。別邦所運絲裝，不致似此損耗者，因捆護堅牢故也。每月二次火船所運，以上年載販湖絲之數，遡較前數年，其增多已逾舊額矣。

十二月十五日，火輪郵船載來烟土八百七十三箱，金銀一千二百箱，合計銀一十三萬圓。

十二月二十三日，郵船自加爾格打[6]抵港，載來烟土一千七百二十五箱，銀三萬九千圓。

十二月二十六日，上海火輪船到港，滿載湖絲而來。

一八五四年四月一日　第三、四號（合刊）

上年各國船隻到港，除澳門划艇及中土各式船隻不計外，共船一千一百零三號，進港椗泊，計其任載貨物，四十四萬七千零五十三墩[7]。

一八五四年五月一日　第五號

二月廿九日，英國有火輪郵船抵港，載來烟土一千八百箱，銀六萬七千磅。

英國上年運出貨共值銀八千七百三十五萬七千磅。癸丑（一八五三）年火輪郵船由外國運至香港銀共一千零七十七萬六千零八十五圓，在港運出銀共二百三十三萬一千九百三十一圓。此係一定確數，無毫釐錯謬，每見中土邸抄恒云：中土銀漏出外國，此言不知何解也？通商貿易於中土人有益，非徒益外國人也，於此可見。

一八五四年六月一日　第六號

四月初一日，英國郵船抵港，載來烟土二千四十七箱，大小金銀共計三萬零五十五磅，約十五萬餘圓。

英國現下茶價，每工夫茶一磅，值銀二十六先士[8]，計一錢八分七厘。

十八日上海火輪船抵港，載來湖絲一千包。

二十九日，英國郵船抵港，載到烟土一千五百八十四箱，載到金銀錢共計六十萬零七千三百八十二圓。

一八五四年七月一日　第七號

初七日，加爾格得火船到港，裝到烟土一千六百六十八箱。

十一日，復有加爾格得火船到港，載到烟土一千四百箱，銀三十箱。

英國上年入口茶，按稅館冊總計其數，共二十三千七百二十五萬三千三百十一磅，每磅約十二兩。

十六日，英信船抵港，裝到烟土一千二百七十三箱，大小金銀錢合計八十三萬八千四百五十一圓。

5　浙江湖州一帶盛產蠶絲，故名湖絲。而湖絲又以南潯附近的輯里絲最有名。

6　加爾格打即加爾各答，下文又寫作加爾格得，曾為英國在印度殖民地的三大首府之一，另外兩個是孟買和馬德拉斯。

7　墩即噸。

8　先士，是cent的譯音，即貨幣的仙或分，如十分等於一毫。

英國現在工夫茶每磅十一個半邊士[9]至十二邊士。熙春茶每磅一司令零兩邊士至一司令零十邊士不等，每邊士即兩先士。

一八五四年八月一日　第八號

六月初一日，有英火輪信船到港，裝來烟土一千二百零五箱，銀四十一萬四千八百一十五圓。

又是日有英信船衣倫到港，載來烟土一千一百九十七箱，銀六百箱。

英國工夫茶價，現在每磅值銀二十一個先士。

十五日，加爾格得有火船名科毛薩到港，載來烟土一千五百六十五箱，銀二萬六千圓。

一八五四年九月一日　第九號

七月初一日，英火輪信船到港，裝來烟土九百一十六箱，銀一萬二千六百圓。

加爾加答火船名上海，於六月廿二日在彼起程，七月十三日抵港，載來烟土一千二百一十箱，銀三箱。

英都工夫茶，每磅現值價銀十一邊尼。

一八五四年十月一日　第十號

閏七月初九日，有火船名馬利活娘娘，由上海抵港，載來大小金銀錢共計四萬七千六百七十八圓，並絲九百四十一包，其絲寄往修澹敦、馬西利、孟買、粵省、加爾格得等處。

閏七月十二日，有火船名主山，由加爾格得抵港，載來烟土一千五百二十五箱，並大小金銀錢共計一萬一千八百一十九圓。

閏七月十七日，有英國公局上旬火輪郵船名儺拿，由孟買抵港，載來烟土一千零七十五箱，並大小金銀錢共計一百四十八萬五千三百八十一圓。

閏七月廿七日，有英國公局下旬火輪郵船名加尼士，由孟買到港，載來痳華烟土三十四箱半，並大小金銀錢共計六十六萬三千六百五十八圓。

一八五四年十一月一日 第十一號

英國與中國永通和好，冀無欺詐於貿易之間，兩相受益，以為後世之良規。故議法於各處出入關口，要當如何貿易，及取其稅，其法略云，凡取其稅於各處出入關口者，其銀價則當依如下：一百零九兩七錢九分盧卑[10]，算一百兩淨銀錠；一百一十一兩四錢五分五釐杖銀所算亦然；一百一十一兩九錢鷹銀[11]亦然；一百一十二兩一錢五分波蘿樹銀亦然；一百一十二兩五錢二分知離[12]銀亦然；一百一十三兩二錢零七釐唐碎銀亦然。英國與省城、廈門、福州、寧波及上海五港

---

9 邊士，即便士（pence）。

10 又作盧比 lubi，英文作 rupee，是印度、巴基斯坦、孟加拉、尼泊爾、斯里蘭卡等國的本位貨幣。但這裏應該是指英國東印度公司的盧比。

11 又稱鷹洋、墨洋，墨銀，也因為鷹、英同音，故又寫作「英洋」。墨西哥於一八二五年開始鑄造。圖案是一隻鷹，而鷹是墨西哥的國徽（參考自朱勇坤編著《金銀幣鑑定》，頁二三九）。

12 知離即智利。

所立通商貿易之條，其第八條有云：凡貨出入關口，各國之銀稅，每百當補若干，方足於淨銀錠。其補之法，即如上所云。耶穌降生一千八百五十二年三月二十九日，香港總督出示，令唐銀、鷹銀及各處之銀皆同一體，不得有損價之殊。既而四月二十七日，因各商有求改示之請，故復出一令云：凡在香港貿易者，必須先議定銀事，方可貿易，否則以鷹銀及亞美利加各處之銀為正矣。

是時，香港貿易者，猶有行一百圓補若干之例，然於本月十二日，亦議通行各處之銀矣。余所以歷序是事者，因其宜於理而便於貿易，又不失各國銀之實價。筆之於此，各省得而讀之，或樂效法，豈曰小補之哉。

一八五五年二月一日　第二號

英國於一千八百五十三年，即癸丑十一月廿二日起，至甲寅十二月初二日止，所發往外國土產布疋、器用等貨，今將其值臚列於左，其中發往香港之貨，共值銀三十五萬七千九百零八磅。

一八五五年七月二日　第七號

癸甲兩年鴉片箱及銀數在香港出入總論

按英六月二十三日，香港政令報所載，東西火船公會之船，於癸丑甲寅二年所運入本船鴉片箱及銀數者如下：癸丑（一八五三）年，鴉片箱三萬六千四百九十九箱，銀數一千零七十七萬六千零八十五圓。甲寅（一八五四）年，鴉片箱四萬六千七百六十五箱，銀數二千零七十七萬零四百六十三圓。癸丑年，該船在本港運銀至印度二百三十三萬一千九百三十一圓。甲寅年，又運銀一百八十二萬七千六百八十五圓，零（另）運至上海銀七百三十三萬一千九百七十一圓。

一八五六年一月一日 第一號

英國於一千八百五十三年，即癸丑十二月初三日起，至甲寅十一月十二日止，所發往外國土產布疋、器用等貨，今將其值臚列於左……另發往英國所屬之外埠列左：

發往印度諸埠之貨，共值銀一千零二萬五千九百六十九磅；發往香港之貨，共值銀四十六萬八千零七十七磅；發往澳大利亞諸埠之貨，共值銀一千一百九十三萬一千三百五十二磅。

那拿火船到港，載有鴉片土二千零一十二箱，銀九十六萬零六百二十八圓，另雜貨二百五十九件。

一八五六年二月一日 第二號

十二月三十一號，所帶英國新聞紙到港之火船，載有天竺國[13]鴉片烟二千六百二十箱，又載來金銀共計四十五萬。

英國工夫茶每磅價值十六個先士，小種茶每磅價值五十四先士，或至五十六先士。

13 天竺，古地名，相當於今天印度、巴基斯坦、孟加拉等國的地方。

六、外交往還

上：港督寶寧任內曾多次至上海處理英商事務，也曾前赴暹邏談判英泰建交。

下：美國遠東艦隊赴日商談開港通交，來往皆停泊香港，受到港府盛情接待。

《遐邇貫珍》刊出的年代，歷經兩任港督，他們是第三任的文咸（或作般咸，任期是一八四八至一八五四年）和第四任的寶靈（或作包令，任期是一八五四至一八五九年）。文咸曾於一八五三年四月北赴南京，謁晤洪秀全，討論英國與太平天國的立場和時局。但當時《遐邇貫珍》尚未創刊，要待四個月後才出版，因此沒能趕上報道這次難得的會晤。而寶靈港督的任內，挑起了「亞羅號事件」，於一八五六年十月命令英國艦隊炮轟廣州城，引發「第二次鴉片戰爭」。其間，寶靈多次向兩廣總督施壓，最後攻佔了廣州。但《遐邇貫珍》卻於戰事爆發前便已停刊，無緣報道這一重大歷史事件。

但《遐邇貫珍》卻緊密地報道了美國遠征艦隊經香港前赴日本扣關，威嚇江戶幕府開放門戶。同時，刊出了獲邀聘為翻譯的羅森所撰寫的〈日本日記〉。羅森目睹了美日外交史上簽訂的第一份協議的誕生過程，又是自從日本鎖國以後，第一位深入神奈川縣和江戶幕府官員面對面交往的中國人。因此，羅森的〈日本日記〉受到日本官方和開明之士的高度重視，多方搜購傳閱，致使《遐邇貫珍》名揚日本，一紙難求，反覆抄誦。詳見本書附錄〈《遐邇貫珍》深受日本珍視的考察〉。

另一方面，寶靈總督又接獲英廷指示，率兵船前往泰國（暹羅），簽署貿易條約。《遐邇貫珍》盛讚合約的簽訂，而事實上泰國不但要降低稅收，還要承認領事裁判權。

一八五三年九月一日　第二號

六月二十七日，英國統轄東洋各路師船提督柏劉到港，率駕來五十門炮師船、十二門炮師船、火輪師船各一隻。

前號曾敘花旗國師船前赴日本國公幹，充公使者，係其水師提督柏利[1]。茲於本月初三日，自該處回港，率駕回火輪師船二隻。聞其上月初三日，抵日本之耶陀[2]海面。於初九日，與該國主專派之王大臣會晤，遂將原携國書交付，訂於來春復往接取覆音。故寬其期，以見從容，無逼促之意。兩家賓主欵洽，均有禮物酬酢往還，即於十二日揚帆南旋。

一八五四年二月一日　第二號

日前揚帆赴日本國之花旗師船，其上月駐泊本港時，數次置演戲劇，凡英師船及居港者，皆得往縱觀。兩國人皆極諧睦，蓋因志趣同向，均欲有以推廣貿易共臻平康景象者也。其火輪師船三，常行船二，於本月十四日啟程，前詣日本索取回書[3]。開行時，英師船亦聲炮相送。聞息力有一火船，並他處亦有數船，欲相與結幫前行。並聞俄羅斯國，亦有船在日本境內，且更有數船，欲赴其處，尚在洋面中道駛行者。計中土海面，近必多有俄國船行泊。息力現有英師船二號開帆來港，換班駐札。

一八五四年四月一日　第三、四號（合刊）

小呂宋新任總憲前從西班牙即大呂宋國都，附英郵船東行來港。去年十二月二十七日，由港坐駕其國師船前往小呂宋赴任。是日揚帆，英師船聲砲十七門以表禮，彼師船亦聲炮如數，以為酬。

花旗國公使麻沙，於去歲十二月二十九日附駕郵船回國。新公使馬駕林，於二月初十日抵港履任。

近日花旗國前赴日本之使舟業已旋港，據云：使臣與日本執政大吏妥議貿易事務，於彼境開立二處埠頭[4]，二月二十五日訂立和約，章程妥竣矣。

一八五四年五月一日　第五號

三月初五日，花旗國有火輪師船一號，由日本回抵香港。

一八五四年六月一日　第六號

公使大臣包接到本國諭旨，令其前赴暹羅國[5]結立和約。十八日，澳門西洋總理官及佛蘭西國欽差大臣，坐駕師船來港，候晤公使大臣包。

---

1 柏利，又譯寫為培理，英文名是 Matthew Calbraith Perry（一七九四至一八五八年）。他是率領美國遠東艦隊赴日扣關，威嚇德州幕府開國的艦隊司令。

2 日本「江戶」的發音是 Edo，也就音譯成「耶陀」。

3 培理率領的遠東艦隊第一次抵日是在一八五三年七月八日，他跟江戶幕府舉行會談，並約定明年來聽取回覆，訂立《美日和親條約》。

4 根據《美日和親條約》日本開放下田和函館兩港口。

5 即今之泰國。

一八五四年十月一日　第十號

閏七月二十日，暹羅有兩使臣抵港，挾其國主之圖畫書劄呈於公使大臣包玲。書中略詢公使何日可往其國，俾預為除道敬迓等語。但今正值中土多事之秋，想公使亦不暇往彼國矣。乍聞此事，不勝欣忭，蓋向來東土與西邦素少往還，茲有暹羅國君，竟爾遣使結好於吾邦，從此通商貿易，可卜將來必共享利益于無窮也！

一八五五年四月一日　第四號

公使包令往暹羅事紀

英二月十二日，公使包令大人搭火輪御船一隻，又同帶二桅兵船一隻，與隨身數官，起程前往暹羅國，欲與暹羅國王面議公事。

一八五五年六月一日　第六號

公使包令往暹羅立約節略

英五月十二日，公使包令大人自暹羅國回港。溯其初于二月十二日在港開行，三月初三日至暹羅京都邦哥[6]，暹羅王以禮貌相接，着五位大臣議事。至十八日，乃商定貿易和約數條，兩邊歡喜押名。傳聞該約條欵，盡善盡美。向來暹羅與英商貿易者，其人必先納財于王，然後方准。故平素與英易貿者，不過數人而已。嗣後則任從衆人隨意而行，從前貨物出入，必徵重稅，今已革除此弊。凡貨入口，祇納百分之三分而已。嗣後英國貨船入口，所納稅則與唐船同例。英民居于暹羅者，議于京都左右地方，盡一日程內，任意建屋，設立禮拜堂來往。若有人告英民有犯法之事，任從英國領事官審斷。十年之後，兩邊復議和約，或損或益，當與時為變通。此乃其大概，現有一公臣，將條約帶回英國，獻于皇后，待皇后驗察押名，然後白衆，便可知其詳細。公使包令能成此事，如此之速而且妥，可謂使于四方，不辱君命者矣。而暹羅王，能樂交英國接以尊禮，又能革除有碍貿易諸弊，可謂識天時，而為民之父母者也。

公使包令于暹羅代花旗傳道先生解難

近數十年來，有花旗國耶穌之徒數位先生，在暹羅京都居住，又建立禮拜堂，刷印教書，恩施醫術，代天宣化，普救民魂，歷年無異。邇來，暹羅王心生疑竇，欲禁錮之，不準（准）復行。包令大人一至邦哥，風聞其事，遂于私朝為該花旗先生力辯解免。于是暹羅王收回前禁，仍舊準（准）行。此可見包令大人一視同仁，無分畛域，即非本國之人，亦必力為援救。仁人君子之行事，大抵如斯。然此事未必無裨于暹羅，蓋花旗教徒不遠千里而到彼，傳道施醫，使暹羅舉國皆信耶穌為救世之主，由是而舍舊從新，則藉是以脩身、齊家、治國，將見國運日興，必如水之就下，沛然莫能禦也。

一八五五年十月一日 第一號

砵非立處唐客進埠新例

本年英六月十二日，即唐四月二十八日，澳大利亞威多里亞省總督與創例堂諸大人議定，添立新例十四條，以處唐客入該省砵非立等埠事。新例中最切要者，惟第三第四條，茲將其大

6 泰國於一七八二年已遷都至曼谷，這裏是將泰國的京都音譯成邦哥，實即曼谷。

略繙譯唐字，以便華民記取，免有不知例禁而悞往彼，致生煩難也。其第三條略曰：凡船運載唐客至本省各埠者，連船主伙長水手搭客，其人數不得出每十墩位一人之外，如有踰額多載，則按所載多之數，每一人罰該船主英銀十磅（鎊）以下。第四條意云：凡船運載唐客至本省諸埠者，船主必代每客輸納例銀十磅（鎊），然後其客始得上岸，如有隱匿客數，或未納例銀之先，私令搭客登岸，官府察知，必嚴追例銀，更罰該船主，照所隱匿或私放之客多寡，每一人罰銀二十磅（鎊），或減些。

以上二條至本年唐九月二十二日始行。按條內所載，則新金山威多里亞省英人不欲唐客入境採金明矣。威多里亞之北有屑尼，西有亞地列二省，尚未立例，其於將來或立與否，不可逆料，欲往新金山者，不可不慎也！

一八五六年五月一日　第五號

上年《貫珍》所載，本港制台前往暹羅與暹羅王議定貿易條欵，現今本港巡理府希厘[7]特奉國命往暹羅當領事之職。其為人也，廉靜寡慾，公正勤明，預料其離任之日，港內居民當必歎息流涕，挽留無自，惟祝其一路平安，得天眷佑，以保有國后之寵命而已。

7　英文名是 Hillier, Charies Battn，最常譯為奚禮爾，英國人，倫敦傳教會麥都思的女婿。奚禮爾精通漢語，一八四二年便出任香港警察法庭書記，其後調任巡理府。後來岳丈麥都思因轉赴上海，溪禮爾便接手兼任《遐邇貫珍》的編輯工作。一八五六年，奚禮爾調任曼谷領事，惜到任後不足數月，便患痢疾而終（參考自王賡武主編《香港史新編》，頁四六三，又《近代來華外國人名辭典》，北京：中國社會科學出版社出版，一九八一年，頁二零六）。

七、治安防禦

1844 年香港警隊成立，1857 年荷李活道中央警署落成。

香港開埠之初，原有的小村落，秉承傳統由村中年高德卲的長輩和地保管理村中事務，也包括守衛村莊家園。香港政府看到華人社會這個特點，可以有效幫助管治，遂頒令沿用保甲制，一般基礎事務交由村莊自我管理。但另一方面，新移入的華人品流較為複雜，也沒有經過同村生活，帶來管治困難。

早期香港的治安問題，多出於搶劫盜竊，嚴重者，殺人越貨，並有海盜入侵搶掠之患，所以必須加強海防，時派兵船水師在海面巡弋。但當水師遠航巡閱，本來單薄的警備力量，就更加不堪一擊。港英政府坦承難以保衛市民商鋪，於是便要求商戶集資，聘請壯丁協防，並聲言僅是暫時之策。

一八五三年十二月一日 第五號

十月初三日，有匪徒三人於本港河邊僱船，言赴淺灣，有一艇允載開行。艇中蛋婦[1]兒女共四人。解纜後，行未數里，伊等各自動手，親司槳櫓之任。越日抵新安赤尾村，登岸即驅誘蛋婦兒女四人，閉置一空室中，薄給充飢。數日後，竟分賣於羅浮及黃沛嶺等處，得錢分用。內有蛋婦乘隙踰墻脫逃，附他舟回港，稟訴英憲，當即移行地方官查究，已飭差密緝跟辦矣。

一八五四年一月一日 第一號

港內下環燈籠洲地方，舖民聚落百十家，於月前有匪數十人，於夜四鼓時，明火鎗械毀門，將一烟舖搜刼一空，且鎗傷巡役及街隣數人，藐法兇頑，實為十年來未見之事。

一八五四年二月一日 第二號

十二月初二日，本港檢驗石排灣失事事主，尸身一具，驗得傷痕，係出砲傷，其砲彈係賊匪所用者。緣該處於前數夕，為匪黨糾眾刼掠一舖，繼欲復刼他家，為英官差馳至捕獲。其始刼時，匪等炮斃一人，茲檢究得其殞命之由。凡英官驗尸之法，如有人死於非命者，派官一員，稱為歌羅納，有勷辦佐驗屬內殷戶十二人，同堂傳集見証，鞫訊死者致斃緣由，若查有被人謀害情節，究理置諸法，如係自致及一切意外誤傷致死，歸之天命，填格存案。現在港者殷戶稀簡，勷辦佐驗者只得六人。

一八五四年四月一日　第三、四號（合刊）

二月十三日，本港西邊荒僻之區，有匪二百二十人在彼潛集聚議三合會規例，擬行舉事，為英官差役跟訪往捕，除逃竄外，獲三十三人，訊時因無証據，科罪無條，勒其開具永不滋事切結，旋亦釋之。

一八五四年五月一日　第五號

三月廿六禮拜日，有匪徒一眾，於石排灣地方欲行搶刧，英差役及士人擊之，殲其一人，餘皆驅滌淨盡。

一八五四年七月一日　第七號

五月初六至十三日，本港驗尸官局檢驗尸身二具，一中土人名李亞二，在太平山地方，為陳亞根毆斃。現在兇身尚未獲到。又一人作客搭船，在船上失足跌落艙中傷命。

本港因水師提憲出海巡閱，率駕師船前往，港中似覺巡防稍疎，而海洋匪盜，附近多有竊發，不可不預為防備。現經署總憲大人勸達居港各外國商人，自為團練操演，復添派兵役巡緝，均資護衛。惟是經費繁多，已示諭闔港商民，凡鋪屋租項，每百圓抽收銀三圓，此不過暫時設法，如此措辦，並非長久照收，永為定例也。俟師船回港，希可停止。現已添募外國丁壯兵役，

1 在海河岸邊以舟楫為家的水上居民稱作「蛋民」，或說成「蛋家人」，主要出現在廣東。他們以捕魚、渡客和運載貨物為生，而且一家棲息舟中，同一大家族幾家人分住數艇，串連成「連家船」。

並於東西兩路建置炮台，海面設艇查緝，法極周妥，雖有土匪數萬之眾，無能為害，本港定保無虞矣。聞得月前曾有新加波會黨人滋擾之事。凡事端將起之時，有善法以布置彈壓，斷不至釀成大事，如有不肖匪徒，假會黨為名，借衅生禍，中土舖業，必遭殘害。但能保護安靜，中外商人綏康，則中外兩享其利益。可知禍亂之肇，如水之汎濫，始則易於隄（提）防，終則難為補救。今本港商民資產生業，均可長保安康，可見捐數金為經費，尤愈於遭衅全失其資本也。

廿二日，本港營房有英兵一名，用所携之鳥鎗，自行轟擊斃命，眾趨視之，尚能言語，亦不明言何故，逾刻氣絕。

一八五四年八月一日　第八號

廿六日，香港刑訟司監獄中有英人四名，在禁越獄潛逃，旋經差役等捕獲三名，其一名尚未弋獲[2]。

廿七日，有英船到港，載來英兵一百零九名，兵丁妻眷十三口，幼孩二十四名。

本港月前添派差役，為巡緝地方之務，現因本國陸續有兵丁師船派到港，足數巡防。前示諭抽收租項，以資經費，計差役之費，共支銀二百三十三磅（鎊），計一千一百十八圓，除常征差餉外，令照租抽收，此數按港內各舖分計，實每舖所捐無幾也。

一八五四年九月一日　第九號

前篇敘過，本港刑訟司監內，有英人四名越獄逃逸，旋獲其三，有一人未獲，茲並已弋獲歸獄矣。

一八五五年一月一日 第一號

十一月初一日晚間，役憲聞報，有數百賊匪身藏軍器，聚集上灣，即領差捕捉，獲得五十一人。聞說此賊亦屬廈門餘黨，欲即攻九龍云。夫中國人民，得脫虎口，而至此港，安居泰然，且英憲不究其於本國曾作叛與否，則固當感激其護庇之恩而安居樂業矣。如或反借此積蓄軍器，聯羣拜黨，欲於本國作叛，是英國律法所嚴禁者也。

十一月初一晨早，九龍官攜帶其地之有重名者及其妻子家屬，奔至本埠，因恐本地客家福建之三合會報七月黨內四人被殺之仇，或來剿滅其地，故爾張恐出奔，暫來寄跡。而三合會果欲再取九龍與否，是未可知。

一八五五年二月一日 第二號

差館日報

十一月中，本港上灣[3]有客人被小手竊去銀兩，尚懵然不覺，因其竊技新巧，且此客亦是鄉居之人，初來香港者也。所以述此事者，欲君等謹慎行藏，免墮其計而入其圈套云爾。此客于是日在上灣街上閒遊，適見前面有卜卦先生，乃趨視之。正觀之際，忽聞背後有呼喚聲，乃回顧之，見一人手執一蝨，對己曰君必曾入污穢之地，是以此蝨得沾於君之衣也。言畢，其人又於己之衣上，執數蝨以示之。如此數次，客乃大異，忽又聞墜銀之聲，俯視之，却是身帶之銀，乃大

2 緝獲在逃犯人書作「弋獲」。

3 早期香港「上環、中環」又寫作「灣」。

驚駭，向袋檢索，竟是一空。時有旁觀者欲遁，客即執之，果見其手有銀八圓，乃牽入役館。後果辨明窃銀者，乃此人也。

十一月，聞亦有人自石派灣欲過本港，不幸中途為盜所掠，奪去身上衣帽什物。後數日，仍復與數友過港，路遇數人，身衣其前所失之衣，及帽一頂，乃執之，時被執者之伴，挺刀欲救，然幸失主敢膽向前，力執其人，與其伴黨直解入官究辦。

一八五六年一月一日 第一號

上環西營盤于初七晚八點鐘，有賊匪數十在孖喇行外扣門，稱說為交書信者，于是管店啟門，賊匪突入買辦房，徑開格萬，取去銀一千圓，即便逃出。及綠衣到時，賊踪已渺矣。該地方現請綠衣看守，以防後患，此亦亡羊補牢之意也。

一八五六年二月一日 第二號

英十二月十八日有貨艇一隻，在太平墟左近被賊擄去。艇內貨物值銀五千圓。兵船小艇聞風往捕，即將所擄之艇奪回。

英正月初一晚九點鐘，燈籠洲有賊一黨，窺伺各商慶賀新年，故于是夜明火打刼首飾舖一間。顛地行黑人更夫齊出救護，被賊拒傷者二名，着砲打死者一名。現在獲得真犯數人，先將五人解往大衙門審訊。

正月初四日夜，澳門唐人舖內失火，旋即救滅，不謂初五晚，祝融復降唐人舖戶，延燒迨（殆）盡，共計燒去一千三百間之多，燒死者不下百人，幸有西國兵船，泊在澳濱，眾兵役踴躍登岸，將火救滅。

正月十六日，有唐官師船一幫，泊在九龍海面，有兵役數人，來港內探候親友，內有一役，在路上獨自閒遊，被匪數人，將其圍打，有一英國水手，向前解救。隨後綠衣一到，獲得匪人一名，解往大館[4]。

以下之示，由本港巡捕官所發，茲今印落或有報獲領賞之望。

照得本月廿四日，有匪黨在掃稈埔東頭明火打刧曾慶之舖，不但刧去家財，且將渣顛公司看更人殺斃一名，重傷二名。茲特諭爾等知悉，凡有知情匪藏匿之處，親赴大館禀報，以便飭差拿獲，果匪被獲，每名即賞花紅銀五十大圓，為此特示。

一八五六年三月一日　第三號

二月廿三日夜，本港上環魚市火災，斯時火乘風勢，漸延及太平山脚舖戶。官憲見山上舖屋魚鱗雜遝，苟火勢相連，難以撲滅，故將接近火頭之舖戶一間，用火藥一百二十磅攻燬，以斷路火，然後火勢乃止。所可惜者，方攻舖時，尚有數人出入其中，叱之不聽，致被斃命。想必此數人內，亦有為搶奪財物者，曾計共焚去舖屋七十八間，焚去貨物約值銀八萬左右，良可惜也。

4　即中央警署。

八、緝剿海盜

十九世紀閩粵沿海一帶海盜肆虐，突襲攔劫往來的商船、漁船。這是行進中的海盜船。

海盜猖獗為患，自明及清，東南沿海航船，屢遭截劫搶掠。賊船突然鋪滿洋面，如群鯊襲來，無懼水師兵船，殺得官軍聞風喪膽。所以歷來皆以封官送爵來招降。遠的明朝不說，就以嘉慶年間，縱橫廣東沿海一帶的江洋大盜張保仔，官府就是束手無策，最終惟有招降安撫。

鴉片戰爭之後，英國的艦隊雖然號稱海上霸主，但也無法保護他們所有的航船。海盜恃着熟悉海床深淺、水流轉向、島礁分佈，借以埋伏隱藏，神出鬼沒，突襲圍劫，屢屢得手。清王之春撰《清朝柔遠記》中的〈廣東沿海形勢圖〉也指出：「外自小星、筆管、沱濘、福建頭、大小鍋山、伶竹山、旗纛嶼、九洲洋，而至老萬島嶼，不可勝數。處處均可樵採，在在可以灣泊。粵之賊艘，不但艚船、海船可以伺劫，內河槳船、櫓船、漁船，皆可出海，群聚剽掠。粵海之藏垢納污者，莫甚於此。」這個時期活躍的大盜十五仔，所率賊船有五六十艘，海寇逾三千人。最後，港英集三英艦之力，於一八四九年十月，與十五仔船隊激戰整日，才將海寇擊潰。但殘餘的海盜，又再呼嘯攢集，匿伏荒島，伺機出動槍劫。

《遐邇貫珍》實錄了不少征剿海盜的事件，而且頗為詳細，部分更未見他處刊錄，極具參考價值。

一八五三年九月一日　第二號

本月初五日，英提督統率師船五隻，離港前詣電白[1]洋面，緝拿海盜，隨獲燬盜船十二號，砲七十餘門，救放商船數隻。

本月十二日，英國商船名「亞勒頓亞卜駕」，猝遇兇橫殘暴之慘。因此船是日出口，行至子刻[2]，船內中國水手十餘人，忽起乘船主暨各英人熟寐，持刀將船主等六人砍斃，棄尸於海，將箱匣撳開，掠所有器物而逸。其本船之印度國水手等，恇怯畏懦，緣桅匿避，俟兇手等離船，始共駕船回港。惟船主一人垂斃臥船內，通體鱗傷，狼狠不堪，旁有一犬，其身亦負重傷。揣度其情，想係因兇手等欲將船主擲海，故此犬戀主爭噬，致受巨創也。區區一畜，具此忠肝義膽，而兇暴之徒，儼然具體而號為人，乃殘暴兇忍，戕生命而傷天和，殊堪痛恨耳！曾有友人為作義犬記，茲以限於篇幅，未及錄入，現已懸賞購弋正兇潘亞驗一名，花紅銀五百圓，餘黨每名花紅銀一百圓。

一八五三年十二月一日　第五號

月內本港附近洋面，船隻往來，頻遭意外之變。九月二十日，擔杆頭[3]有拖船一隻被刼；二十三日，平海[4]洋面亦有拖船一隻被擄；十月初一日，龍船灣有魚船一隻被匪搜搶罄盡；初二日，有渡船被刼於急水門，並船亦牽駛而去；初三日，有快艇被掠於內零丁洋[5]；初五日，後門灣有漁船兩隻同時被刼。咫尺內洋，而出沒層疊，肆其兇暴，恬不畏法如此！

一八五四年四月一日　第三、四號（合刊）

去歲十二月二十二日，郵船公局之火輪船「間頓」，由金星門來港，海面遇有數盜舟，聚劫一商船，即前駛援救。盜舟四竄，其一逃至零丁擱淺，盜匪棄舟，泅向山島奔逸。而商船已被火焚，烈焰方熾，人皆赴水，火輪船即放三板划艇搶救，得援拔者五十二人。詢知係暹羅國船，船名「蔡昌興」，現值由粵洋返國。船內共有八十六人，除為三板艇救生五十二人外，尚有中土三板艇救者數人，其餘載沉載浮，不堪問諸水濱矣！

十二月二十六日，附港之龍船灣地方，有民船被海盜掠刦。稟報：三日後，於赤柱英差役將盜匪拘獲到案。

正月十九日，有中土人赴署訴稱，現有盜船七隻，在附近洋面恣行刦掠。經英憲派調火輪師船一號，出海捕拿，獲盜舟六隻，訊明被擄良民，隨行釋放，將船付還原主。全數盜匪，移解新安縣懲辦。

近日英師船赴虎門外一帶洋面巡緝海盜，匪蹤稍戢。自是以來，商船往來，無報刦者。

1 位於茂名市以南的一個港口。
2 中國時辰用地支來計算。子刻即深夜十一時至凌晨一時。
3 香港蒲台島以南有擔杆列島，最大的是擔杆島，擔杆頭當指此。
4 平海距香港不遠，在今惠東縣，明設有平海守衛所。參考自魯金著《九龍城寨史話》，香港：三聯書店，一九九一年，頁十二。
5 零丁洋又作伶仃洋，有外洋和內洋，各有島以名。內零丁洋即有內零丁島，位處深圳蛇口的西南海面。

一八五四年六月一日　第六號

二十二日，近赤柱地方，有漁艇一隻，為海匪掠去。

初五日，有漁船船主偶坐小舢板，在石排灣為匪擄掠，勒其納銀取贖。

十五日，有中土船在急水門被海匪拖船三隻兜刧，旋為英水師火輪船聞之，遣艇捕救，擊沉匪艇一隻。時值風雨昏黑，匪船二隻遂潛駛脫逃。

一八五四年七月一日　第七號

十一日，有中國師船在九洲洋面，捕獲盜舟二隻。駐澳門之西洋師船，亦捕獲二隻，尚有二盜舟，正在追捕之際，竄逃無蹤。

近日香港附近洋面，海盜竊發，四處刧掠，有兩枝桅花旗師船出海緝捕，復有英師船一隻，出海巡緝。有人云：月之十二日，竹聯地方有會黨一起，令居民輸納銀兩，不用交納官府錢糧。居民不依，是晚明火肆行搶劫，閭閻閉戶罷市。

二十六日，英師船出香港附近洋面巡緝，捕獲盜舟二隻，盜匪四十名，即日送解九龍中土官審辦[6]。

一八五四年八月一日　第八號

廿四日，有中土大貨船一隻，由海南駛行來港，在外洋被海賊刧掠，其船主來港請救。經西東火船公局發派火輪船一隻，至其處，將被刧之船牽駛回港。

初三日，急水門洋面，有民艇二隻，為海盜攻掠，砲斃該艇戶一人，並傷一婦女。

又是日平海洋面，有中土鹽船一隻，被盜舟五隻圍刧，搶去鹽一萬八千担，及艙內米糧衣物銀兩。越一二日，復有民船二隻，在該處洋面被刧。

初八日，英公局派火輪船配以水師兵，前赴零丁洋，捕獲賊船一隻，盜匪四十名，當解交中土官憲審辦。嚴訊各匪，皆確係累刧重犯。

十四日，有中土貨船在大澳洋面被海盜刧掠，計失去米三百包，油二十七桶。

一八五四年十月一日　第十號

海豐陸豐二縣，為香港販運鷄鴨之區，于閏七月十一日，為賊匪攻陷。聞即日前在擔竿頭刧掠漁船之黨。海豐縣令為匪所殺，縣丞於十四晚隻身抵港，現聞派火船一號，前往攜其眷屬來港。

七月廿六日，在山尾[7]有漁船一隻被掠，會計財物，約值銀三百圓。

七月廿九日，有商船一隻，由新加波往安南，忽於生里海面，為賊船十隻所擊，搶去大炮十位，火藥三担。後三日，再駛往單連州，又遇賊擊，掠去貨物一半，留其船主三日，旋有英師船駛經其處，即放炮滅毀賊舟五隻，放回船主。閏七月初十日，商船抵港。

6　即日解送到九龍。其時，九龍城寨派有大鵬協副將及九龍司巡檢駐守。參考自《九龍城寨史話》頁五十一。

7　即汕尾。

十月初五日，有知離國兩枝半桅船一隻，名「加地拉」者，揚帆往金山。開行數日，不料為颶風所擊，於是船主尋覓泊船處所，以避風險。遙見一市，市名古蘭[8]，遂就而泊焉。斯時見有許多小舟同集。泊後，忽有大船無數，齊來刼之，悉取其物，并執船主。船主哀求，賊首帶彼至澳門，俾得銀以易其船。於是有賊匪二人，與之偕行。迨抵澳後，船主詭稱銀兩不便，復給他同到香港，為差役所獲。至十三晚，人將是事一察，盡得其情。因知有佛廊西[9]一女、及唐搭客一人，為賊所擒。即發火船「馬利活娘娘」，帶齊刀鎗兵器，往彼處尋覓二人。是夕，船抵古蘭。次早，使小舟數隻往探消息，剛遇賊船，泊於大市側，遂發炮相戰。賊戰不利，齊奔上岸。於是舟人直追上岸，往市中尋覓，竟不獲二人踪跡。但見有「加地拉」船破敗之物在彼，遂登舟而返。後復使火船名「晏」者往覓，帶水兵七十人同行。至十六晚，船到底流，離人村約七八里許，遂泊於此。次日晨早，遙見岸旁有大船一隻，及無數小船，貨物沉重，船人裝飾齊整，知是賊船，遂發大炮一口，向大船桅上打去。其船亦發炮相拒。賊人懼怯，漸退至岸而奔。於是上其船尋覓，幸得二人在彼，遂攜之登火船，盡焚賊船。是時，又遙見大船二隻，即使小舟追之，賊棄船奔走。登其船，見有無數生口火炮等物，遂取之，乃焚其船。厥後，舟人登岸，往村中尋回「加地拉」船之貨，焚毀各處賊庄。計是日所焚毀者，不下一百屋宇。復見一村建於山頂，上村之路甚窄，僅二尺許，便欲上山擒賊。賊見人上山，即將亂石打下，被傷者甚眾，然舟人奮不顧身，直抵賊巢。賊勢瓦解，遂盡獲其所有而返。十八日晨早，復至一村，近古蘭者，遙見其村，甚為雄壯，知非四五百人不能取勝，而船只有七十人，與戰無益，遂返。古蘭近地之村，不能下者，惟此而已。近日提督已在日本回港，余料必發兵船往剿，諒指日可殄滅也。

一八五四年十二月一日　第十二號

九月十二日，有花旗火船名軍者，由港往澳，路經大豬山[10]，適遇賊船甚夥，于是開炮攻之。惟是火船勢孤，且值灣中水淺，故爾失利，遂將火船退回香港，稟白其事于英國提督。提督即命「烟究打」火船，並舟數隻，協同往剿。于禮拜五晚申盡[11]，即與賊匪交仗。賊皆棄船登岸，遂擄得賊船十七隻，悉以燬之。岸上見有屋一間，廟一座，皆貯火藥器械之所，亦皆焚之。次早，有唐商二人及市內百姓，攜酒肉至，以謝其除害之恩，亦足以見人心厭亂也。

上月所言古蘭賊匪一事，茲特續而陳之：九月二十一日，有英御火船二隻、郵船公局火船二隻、花旗火船一隻、並唐官船一隻，同往古蘭剿賊，路遇英御火船一隻，拉與同往，將抵古蘭，又遇葡萄牙船一隻，亦來剿賊者。至二十三日晨早，與賊相戰。賊人大敗，上岸而奔，同聚炮臺，終難固守，遂殺死賊匪四十人，活擒者數人，交與唐官囚繫。是役也，焚去二村及賊船四十七隻，花旗船亦被傷一人。賊勢瓦解，諸船皆即回港，惟有「烟究打」火船主，猶顧窮尋餘黨。後聞省中督撫已準（准）賊魁投降，遂罷其役，惜哉！

8　古蘭未能考出，疑為後文所說的高蘭，參見註17。

9　即法蘭西。

10　即大嶼山。

11　申是下午三時至五時，申盡便是五時左右。

一八五五年七月二日　第七號

近日雜報　勦賊事

邇來，本港附近水面，賊跡退藏，比往常大異。故良民在澳門等處，運貨來港，一路安心，如此景象都賴大英火輪御船「喇拉」之功也。四月十二日，于港中傳聞有賊船數隻，在山尾處劫去本港曾經掛號貨船二隻。火船聞之，即發火往追。于十三日早，到洪海灣[12]遠見賊船一幫同聚。賊見火船追來，羣驚星散，或有竄往大州[13]，或有竄往三州[14]者，被火船開三板數隻追及，壞其賊船五隻，殺死賊黨三十餘名，生擒者四名。其被劫之二船，兼及渡船、漁船各一隻，俱被取回，于十四日，一同回港矣。二十日，又聞有賊船一幫，劫去羅查艇鴉片七十箱，往上川[15]灣泊。「拉喇」火船即時發火往追，及到上川，而賊船早已移避。于是火船沿濱尋覓，尋至南帆了無踪迹。回港時，路過萬山[16]，遙見有船二隻，船人運貨上岸。近之，見船上大炮，知是賊船，遂拖出大海，發火焚燒。「喇拉」火船之勦賊，其功如此，而澳門之葡萄牙人亦能專心行此善事，將見附近水面，賊黨必盡殄滅矣！

一八五五年九月一日　第九號

近日雜報　勦滅高蘭海賊捷報

六月十一日，近澳門海面有「益列」火船，護押華艇兩隻、艚船五隻，為一幫賊船所截。火船主即日抵港，報知「辣拉」御火船主。次日，相與駛往高蘭[17]，遙見賊船，遂尾其後，欲乘彎水深處，漸漸而進。賊知灣內水淺，火船無所能為，自度退可以守，進可以攻，乃發大炮搦戰。于是「辣拉」回港，得花旗火船「包丫但」共事。于十五日三點鐘，「包丫但」火船發小艇三隻，兵士一百，與「辣拉」二火船同往。夜尚未艾，而已抵高蘭矣。次早五點鐘，各火船放下小艇，戰具整備，然後徐駛入灣。初到高蘭時，只見賊船一隻，以為餘皆星散，及「益列」遙見彎頭有華艇一隻，即駛向前。華艇愴惶揚帆欲走，「辣拉」船主發小艇二隻截之，「益列」追入港中，見有賊船三十六隻，惜乎所發之二艇不及助戰耳。火船到時，賊船正欲解纜揚帆，但錨矴未起，「益列」登時發炮，賊眾措手不及，無地自容，因初不知火船，先發小艇夾攻，故無旁慮，及小艇齊到，奮然爭先，早已逼近賊之船旁。而「包丫但」之二小艇，先奪賊之大船二隻，逐賊投海。于是餘艇雖小，亦莫不賈其善勇，奮臂爭先。所以一時奪得賊船五六隻之多。「辣拉」有一小艇，只帶水兵五人，及艇人數輩，亦能奪了賊之大船一隻。賊魁李亞輝之船，被「辣拉」與「包丫但」二船之舟所獲。其時有英水兵一人，躍身上船，用鎗射倒賊魁，賊婦四名投海而死。于是得了賊魁之船，其船中除火藥煲等而外，還有一百小桶英火藥云。此時，被傷者僅一少年花旗人，股上為彈子所中耳。「辣拉」有小艇一隻，依在賊大船之旁，被火藥煲自上投下，幸不轟發。後被一賊婦背負嬰兒者，連投數煲，火焰盈舟，故艇人急脫身落水，內兩人被鎗刺死，一人

12 今惠陽地區汕尾與港尾之間的海灣，現書作紅海灣。

13 位於紅海灣的西畔，今寫作大洲。

14 位於大洲北端。

15 在廣海灣外，有上川島和下川島。

16 香港以南，珠海西南，有萬山群島，包括有大萬山島、小萬山島、東澳島、貴洲島等。

17 高蘭應是高欄，今在珠海西南有高欄列島，其中最大的是高欄島，又據《廣東圖說》（廣陵古籍出版社，一九九三年據同治刊本影印出版）內的〈香山縣圖〉，記香山縣東南海岸的情況：「西南為校杯洲、高欄洲、獺洲、大芒洲、三角洲、黃竹洲。」又云：「高欄汛防兵五名。」

受傷溺死，又一人被鎗刺者，乞援于其伙伴。其伴素善泅水，以手援之，同泅水中，被賊見之，即以火藥煲中其頭顱，登時已失去所救之人矣。英火船主以五人駕一小艇，攻一大船，而却為花旗艇早奪。纔登賊船，而船忽然轟破，當場死者三人，重傷者數人，有一重傷者，是夜方斃。聞說此船約有銀二十萬。賊黨共有千人，死者約過五百，獲其大小炮口共二百位，大船十隻，得逃脫者只十六隻小船而已。惜乎二艇之不在，不然則當一網打盡矣。

一八五六年一月一日 第一號

十一月十七日，在急水門有漁船一隻被賊擄去。

一八五六年二月一日 第二號

香港大憲辦理海盜示

大英欽命提督水師軍門司為曉諭事，照得海盜在于五港，往來洋面，肆行刧掠，擾阻良商，貿易不能流通，已非一日，雖經本軍門上年再三派調師船，在高蘭、大河、平海、石浦、南澳、遼東等處，痛加殲勦，尚未足實收全效，亟應另行設法辦理。為此出示曉諭，俾各式人等一體知悉。現擬每年冬春兩季，即英十一月初一日起至四月初一日止，每月朔日，由江省吳松派出師船一隻，南駛沿經寧波、福州、廈門、香港、黃埔各處；其夏秋兩季，即英四月初一日起至十一月初一日止，每月朔日，由粵省黃埔一律派出師船一隻，北駛沿經香港、廈門、福州、寧波、吳松各口、飭令該師船凡有途遇無論何國商船，往來各港，討請護送，即應如所請，妥為保護，不准海匪絲毫擾害。復查沿海荒渺處所，向有盜匪潛踞聚匿，擾害往來商舟，又擬嗣後陸續特派師船到各海島嶼，專為查緝盜蹤，嚴行剿洗。凡有挾匿軍械形跡可疑者，亦必將其人船捉獲，均交該督衙門，從重懲辦，以期肅請各宜知悉，毋違特示。乙卯年十一月廿四日示。

右示足見大憲靖海安商，法良意美。示內派委周密，海盜諒難逃脫網羅，將見海晏河清，可于此日卜也。

一八五六年三月一日 第三號

二月二十日，有小火船拖兵船一隻往担杆頭捕賊，獲得賊船三隻，擊沉二隻，被逃脫者四隻。

正月，有英兵船一隻，由香港往廈門，于三十一號，船到中途，適有西洋華艇與唐人大貨船一隻，船內貨物值銀三萬，均被賊人擄去。該失主向兵船求救，于是親帶兵船，協同唐官捕賊，奪回華艇唐船二隻，獲得賊人九名，交與唐官究治。

九、司法審理

西方的法院幾乎都會奉置女神泰美斯，象徵公平與正義。

香港法院積存大量案例、檔案，可供翻查檢閱。而《遐邇貫珍》的報道雖然僅是案例中的九牛一毛，但其中不乏具啟示和可資深思的案件。今試述如下：

一、當年跨境犯案相對較多。除了上一章的海盜劫掠商旅之外，這裏還披露了誤登賊船而喪命的案件；亦有集體乘搭輪船遠赴金山，卻遇上無良船長將一眾乘客遺棄異地等重大罪案。

二、定罪後的用刑比今天重得多，如因偷竊、傷人而獲罪，動輒判監十到十五載，更重者，則充軍流放。而殺人幾乎都要填命，多以絞刑來處決，能否獲赦而改判終身監禁、蓋由港督決定。當年的絞刑和笞刑都是公開執行的，說是「以警效尤」。

三、犯罪較輕的人，也會被判如同今天的社會服務令，但當年服務的期間卻以年計，而且是重役苦工——擔泥。廣東人有一句俚語：辛苦過擔泥。則可想而知，擔泥是何等的一種苦役！

一八五四年二月一日 第二號

月內香港英臬憲[1]鞫案，有初六七日一件，原告亞金等呈控侯亞玉。因原告定買中土米石，販運金山，及期，被告以洋米充交，與原訂不符，致耽悞售期。審實，罰令被告賠交銀五百圓。又一件，原告英人控中土人亞金，因被告立約僱船前赴金山，及期違約，但裝貨物，不裝人口，致期外耽延二日。審實，令罰賠。而原告言，彼但以銀五十圓交付施醫院，即作結案矣。又一件，原告馮金，先因允借給與劉周銀一百六十二圓四毫七，立有揭單，及期還銀，先付一百圓，餘數另日找清，即將揭單交付。他日往索尾數，劉周云：已還清無欠。至是具控。審畢，以無確據見証，無從斷令償還。

前月有英商船由黃埔來港，在海面將一中國快艇碰撞損壞。快艇人向英船主索賠，船主不允。快艇來港向英憲衙門控理，蒙憲飭差役一名，詣英船守候。越日，傳集兩造審訊。詎料是夜該商船竟解纜放洋，將英差一人挾帶出口。逾一日，該差役始得附小艇返港，此實罕覯稀聞之事。同日，適有英師船因公啟行出口，大憲已飭知其如追及該商船，即督令其回港，候審定奪辦理。

一八五四年四月一日 第三、四號（合刊）

正月初六日，香港臬憲署審訊英人兩造，因交付銀式不協涉訟一件。此案於本港地方生理，大有關係。據臬憲斷云：凡有交易，彼此立約者，須視約內寫明何式銀錢，即照其式交付；若交別式者，按時價補水，不得援引原例，以額定每元毫數核計交付為詞。但約內未經聲明何式銀者，仍照原例交付。[2]

正月十六日，審訊中土人萬隆行具控李鳳德一件。因李姓向其定買米三千五百担，每担三十三元，未將米全數起清，即改議中止。其時，適米價賤減，但堅稱米不照原定之樣為詞，然亦不能將原定米樣呈出作據。臬憲會同英勷辦六人，斷令李姓賠交與原告所討之數，及狀師暨一切例費。

正月十八至二十日，臬憲會同英勷辦六人訊斷要案七件，譯列於後：一郭亞福被控偷竊，訊明無辜省釋。一張亞三等被控持刃劃傷，訊實，擬以遣罪十五年。一葉金福被控夜間行竊，訊明無辜省釋。一葉志輝被控偷竊，訊明無辜省釋。一鍾亞萬等三人，被控偷竊，訊實，擬以遣罪十年。一陳亞四等四人，被控洋面行刼，訊實，定以遣罪十五年。一劉亞中被控行竊，拒傷事主，訊實，判以絞決，暫緩行刑，候總憲覆閱，可否減免。

一八五四年七月一日　第七號

上一月有外國船，由三佛蘭錫士歌即金山駛赴中土，將入內洋，有一搭客花旗人，名巴近士，心急欲速至澳門，遂僱一三抓艇，携行李放棹前往，後不知去向。旋查得該艇在九洲洋面，正在棹行之時，巴近士偃臥艙內，被該艇水手陳亞川夫妻與數人將其殺斃，棄尸，刼取衣裝財物。至五月二十日，跟尋訪緝，獲到兇身夫婦人等，在駐港臬司署審訊不諱，斷以弔決之罪。其

1　臬憲即按察司，臬憲署就是最高法院。

2　這裏引法官的判詞，指出訂立買賣合約時，要訂明是以何種貨幣交易（何式銀錢）。如未能交付所定之貨幣，則以當天的兌換價來補付（補水），與今天的做法相同。而法官再申明，如果合約沒有訂明用哪一種貨幣交易，則「仍照原例交付」，那「原例」就是第五章〈貿易通貨〉所定出的各種銀幣的兌換價來算。

妻有孕，且未確知是否其夫逼令幫兇，議以減等，永遠充軍。其男犯已行刑弔決。

一八五四年八月一日　第八號

廿一日，本港英臬憲署示期訊案，有干犯法律案一件，係拐帶幼女者，訊無証據，將其人省釋。

一八五四年九月一日　第九號

本港查典行，有看銀人梁亞丁，被人在副刑訟司署呈控其私買刼賍米石，訊明無據省釋，其米起貯於祥隆店。

前篇敘過，有外國船名「衫落」，由港駛赴新金山墨兒奔[3]，行至新加波，因見人多，船主驅其人登岸，有九人均得搭船回港。七月十一日，赴臬司署呈控原攬頭[4]趙華茂等三人，欲取回原交水脚銀。經臬憲斷令，每人補給銀五十圓，另每人加給銀十二圓，為新加波回港沿途食用等費。

一八五四年十月一日　第十號

本港前月曾繳牌，嚴禁不准華民製造火藥。閏七月初七日，近西炮台地方，獲有犯徒一十一人，亦經訊實定罪，其中兩人各罰銀二百圓，其餘每人罰銀二十圓。

一八五五年七月二日 第七號

按察司代受虧搭客伸冤

數月前，有洋船一隻，名曰「馬禮信」，搭載唐客數百，往舊金山正埠。而在本港代船主承辦搭客事務者，則為路壁公司。當寫船[5]之時，各客將水脚銀兩交于路壁，路壁即給以收單為據。不謂該船離港未幾，遙礁受傷，遂駛往小呂宋，將搭客盡遷上岸。及修船既畢，不復載客，竟在小呂宋裝貨，向上海而去。搭客無可奈何，各懷忿恨，本欲直往金山，孰料半途而廢，殊屬大失所望。不得已，同回港中，向路壁追討船脚。路壁不恤，說收銀者，此乃船主，我不過為他人作嫁衣裳也。于是，搭客中有一人控告，于四月十七日，按察司斷議，所有各客水脚，俱在路壁身上償還。夫路壁本無害客之心，當收銀時，隨收隨交船主，祇以一時不細，受此大虧，亦是自取其禍，夫復何尤！至各搭客受此奇冤，而按察司代為伸理，真所謂見義勇為者。特（待）路壁他時尋獲原船，一一追還，則幸甚也。

一八五六年二月一日 第二號

香港犯案錄

十二月二十九日，大衙門有犯案數件，適遇按察司有恙，不能坐堂。總督大人委官三員代

---

3 即澳洲的墨爾本。十九世紀五十年代初，該地區附近發現金礦，華人就以「新金山」來稱之，是對美國三藩市而言。故三藩市又稱「舊金山」。《遐邇貫珍》一八五六年第三號刊出〈砵非立金山地輿志〉。砵非立亦墨爾本，又寫作密里般。

4 包攬的頭兒，即仲介人、經紀人。

5 書寫船單票據。

理。案內有犯人三名，被差役前後捉獲，搜其身上，均有盜器數件。內有吳亞生，擬罰擔坭三年；陳理兄擔坭年半；周亞丙擔坭年半。又有曾亞三協同八人，在路上搶奪張亞光銀三圓，銅錢一百文，另衣物數件，擬充軍十五年。馮亞周在燈籠州勒索婦人銀十圓，聲言無銀，則擄去其子等語，擬充軍十五年。是夜，在監馮亞周自縊而死。郭亞有與數人在燈籠州黑夜刼人財物，用刀拒傷事主，擬釘死罪。後禀總督減等。陳榮貴用鞋刀傷人手臂，命在垂危，擬充軍二十年。梁亞強黑夜撬門偷人錢物，擬充軍十五年。鍾美福、黃全意在石排灣明火搶刧，擬以永遠充軍。

一八五六年三月一日　第三號

二月初一日，港內勝隆行在按察司衙門控告某店欠銀四百，訊實，皆是虛詞，擬罰勝隆行銀一百圓，罰証人銀二十大圓。

十、出洋勞工

上：出洋勞工簽下的苦役合同，簽約人當時年僅十五歲。

下：當年西方雜誌也不知是以同情還是奚落的態度，刊出華工抵岸的漫畫。

COMPAÑIA PERUANA DE EMIGRACION ASIATICA.

No. 76

Edad 15 Años

Profesion Muchacho

CONTRATO.

Convenido y celebrado en Swatow (China) hoy dia 14 Marzo del año de Nuestro Señor un mil ochocientos y cincuenta y cinco entre Sevilla & Ca. por una parte; como agentes de la Compania Peruana de Emigracion Asiatica; y por la otra A Peen natural del Districto de Chiuchau en China, de 15 años de edad y de oficio Muchacho

Conste solemnemente en el presente Contrato que yo A Peen libre y espontaneamente declaro haber convenido con el Señors Sevilla & Ca. embarcarme en el buque Catalina Capitan Beazley con el objeto de trasladarme á America Occidental, obligandome desde mi llegada á dicho punto á someterme á las ordenes de la espresada *Compañia*, para llenar cuyo objeto, entrare á servir en clase de cultivador, hortelano, pastor, criado, ó trabajador en general, por el espacio de ocho años, contados desde el dia en que entre á servir, durante cuyo periodo araré los campos, desmontaré terrenos, cuidaré ganados, tiraré carros, atenderé á las huertas, y en suma haré cualquiera otra clase de trabajos, cuando para ello sea requerido, haciendome útil ademas con aquellos conocimientos de mecánica ...

顢頇的清廷，閉目塞聽，毫無危機意識，遂釀成鴉片戰爭失敗，割地賠款，開放五口通商。結果令國家財政陷入困境——既賠款，又要重建城堡，修築砲台，同時因為五口通商減少了進口稅，西方諸國的工業產品湧進來，打擊了落後的傳統手工業者，連同本來在大地主下掙扎求存的佃農，日子更加一年比一年難過。

此際，新興的美國從墨西哥手上奪取了克薩斯、加利福尼亞和新墨西哥等一大片土地，並為了發展這塊沃土，開始修築橫貫東西的鐵路。這項巨大的工程，除了資金之外，更重要的是需要大量勞工。而一八四八年一月，在加利福尼亞的薩克拉門托流域發現了金礦，掀起了採金業。在那機械還不是十分現代化的年代，這些項目在在需要勞工。於是他們便向中國的貧苦人家招手。

初期，美國（後來加入了秘魯、澳大利亞）在通商口岸設立「招工所」，然後再找來經紀人四出張羅，游說那些為了養家願意出賣勞動力的可憐人，飄洋過海打工。我們相信有一部分人是甘願出洋當苦工的，但也有不少是受哄、受騙而懵然上船的。「招工所」向政府申請這些移民勞工是「契約工」，又怎會是被騙上船呢？其實那些低下的窮苦人，大多沒有上過學，根本就是文盲，他們哪能看得懂契約上的文字（甚至有一些是簽署外文的），就這樣被哄騙打了指模。另有更嚴重者，是被拐賣出洋的。這些被誘騙到新、舊金山去打工的「可憐蟲」，廣東人稱之為「賣豬仔」。

說到「賣豬仔」，確是廣東人去得最多。據資料顯示，從咸豐元（一八五一）年起，廣東人已在三藩市設立會館，到了一八六二年，增至六大會館，分別是三邑會館（南海、番禺、順德，附三水、清遠、花縣）；陽和會館（香山、東莞、增城，附博羅）；岡州會館（新會，附鶴山、四會）；寧陽會館（新寧，不包括姓余者）；合和會館（新寧余姓、開平、恩平）；人和會館（新安、歸善、嘉應州）。六會館合共有約十六萬人，分居於加州各城市（參考自朱杰勤著〈十九世紀後期中國人在美國開發中的作用及處境〉，收入在《中美關係史論文集》，重慶：重慶出版社，一九八五年，頁一五四）。

販賣「豬仔」出洋，先有集中地，其中澳門是重要的集散處，故有「豬仔館」之設。澳門鄰近香港，但前往美洲的航船多灣泊在香港，於是便由澳門將「豬仔」轉運香港，然後登船。但無良的船主為賺取更多的金錢，罔顧人命，大量超載，造成海上事故，或因船艙人擠，空氣混濁，時生疫症，連環感染病歿，紛紛被拋入海中，不知凡幾。如此慘絕人寰事，史上稱這些運載「豬仔」飄洋出海的船為「飄浮的地獄」。在輿情壓力下，港英政府須佈法令，管理運載勞工出洋的航船（詳見「十一、港務船政」）。

《遐邇貫珍》就中國勞工飄洋過海工作之事發表了評論，比較了歐洲白人和中國人移民打工的一大分別，就是「中國婦女例不能任意外出，隨意聘游」，提出要像歐洲人那樣，舉家遷到美洲（受僱地），一同工作，妻兒一家同在一起，家室安康，猶勝於將家眷「拋置在鄉井，舉目無援，孤悽莫告也」。《遐邇貫珍》的評論，直面當時中國封建社會的一大弱點——婦女不能拋頭露面，外出工作。但是否就能像歐洲白人那樣，攜眷同行，移民工作呢？說來容易，只能感謝《遐邇貫珍》編者的好意和同情心，但他們不知道中國人是被歧視、待遇是有差別的。

出洋勞工的「豬仔」，幾乎是一貧如洗。他們乘船的交通費，多由招募公司或經紀人墊付，但要交付利息，而且非常高息，大約借四十元，清還本利要一百多元（參考上引朱杰勤著〈十九世紀後期中國人在美國開發中的作用和處境〉，頁一四七）。債還清後，雖說是一位自由勞動者，惟其待遇跟白人絕不相同，而且中國人做的是最辛苦、最難堪、最不衛生的工作，每月工資約三十元；白種人的工資則是四十五至五十元，而且食宿有公司包付，中國勞工就享受不到這些福利（參考同上引書，頁一三九）。有如此高薪和優厚的福利，再加上家眷的旅費也由公司包付，舉家移民工作，考慮的事情就不是很多了。反觀「豬仔」勞工，經歷了凶險的飄浮旅程之後，然後投入到礦坑或曝曬的鐵路工場中拼命苦幹，賺取得來的幾十塊錢，還要省吃儉用，將部分工資寄回家鄉，養妻活兒。其中不少勞工熬不過來，一病不起，那時更手停口停，最終客死異地，寫下了一頁又一頁的「華工血淚史」。

《遐邇貫珍》一八五五年第三號，刊出華工在秘魯早前「受其縛束馳驟，若牛馬然」。現秘魯去信英國，表示「苛情悉革」（苛刻之事已全部革除），請「如舊任意載華民」往秘魯。情況是否如此？這裏引用一本華工專著給我們回顧當年悲慘的世代。此書是筆者的老同事戴柏良所贈。他因為父輩早年飄洋到了秘魯，他也於一九七六年舉家移民到秘魯利馬。一九九九年十月十五日是華人抵達秘魯一百五十周年，當地的僑團組織編寫一本紀念特刊，名為《歷史與發展——紀念華人抵達秘魯一百五十周年》，推戴柏良為主編。書中記述了自一八四九年至一八七四年的二十五年間，共有約十萬華工飄洋到秘魯，「其中有百分之十左右的華工在途中喪生」。活下來的華工被帶到勞力市場。當地的報紙就會刊出這樣的廣告：「又一批苦力完好到達，身體健壯，無生理缺陷和惡習。」（頁二〇）

人口販子將華工公開展售，「買主們上下打量，摸來摸去，讓苦力來回轉身走路，像牲口一般……」（頁十九）

每個華工，連同「契約合同」以三百五十至四百索爾被售與莊園主，瘦小羸弱的則降價賣二百索爾。「一位秘魯學者撰文揭露苦力市場時寫道：『不僅當事人感到莫大恥辱，

就連旁觀者也感到恥辱。』」(頁二十)

賣身為奴，合同訂的是四年，但往往被無理延長至六年、八年。他們每天做苦役十二小時以上，每天所得到的只有零點五索爾，但扣除零點三索爾伙食費，「落到華工手中只零點二索爾」。

苦役直同虐待，還有「無緣無故地毆打」。無法忍受者便偷走逃跑，但都會一一被抓回來。經過一輪嚴刑拷打後，再被鎖上重重的腳鐐，勞動時也不會卸下。美國作家瓦特·斯圖瓦特寫的《秘魯華工史》，其中有這樣的描述：「天未亮，苦力戴着沉重的腳鐐，一隻手挽着鐵鏈，免得鐵鏈磨爛踝骨；一隻手拿着用來勞動的鐵鍬……」另外，「據資料證實，許多華工被腳鐐鎖住達幾年，甚至被鎖九年，有一個華工竟被鎖了十五年。」瓦特續寫道：「中國苦力在秘魯的境遇是可悲的，他們不被當做人來看待……苦力的災難是駭人聽聞的。」

秘魯詩人胡安·德阿羅納很有感觸地詠述：

「無處沒有中國人的行踪，
從鳥糞的挖掘與裝袋，
到穀地農田的耕種；
從為奴僕、傭工，
到清掃大街美化市容。
他們甚至當下等人的僕從。
他們無論幹哪個行業，
都是盡職盡忠。」(頁二十)

近日雜報

十一月十四日，有花旗國船二隻，由金山抵港，載回中土人五百六十一名，有携帶資財返里者；有暫返鄉井度歲仍圖前往金山者。另有別國船由彼抵港，載有中土多人，從息力、葛剌巴[1]、亞士低里亞[2]三地回者亦不少。其由息力、葛剌巴者，係自昔年以來留遷生聚於斯，實繁有徒。而前赴加爾各得、孟買兩地者亦有之。惟金山及亞士低里亞均為產金之地，離鄉井而越境至彼者，乃出於近年。但事雖起於近年，而人數至盈萬累億之多，越境之人，將來日見其增。因各處皆需營建工作，而人力尚缺，種田、砌路、築室、造舟，其費不貲，皆已具備，但乏人力操作而已。現際各國馳駛往來之道，皆臻便捷，傭工者恒如貨物流轉，擇利是趨，自茲不遠。余思中土人，多有遷赴花旗國南境及西印度海島，種植棉花、甘蔗、加非等物，況現值南北亞美理駕[3]地其居中咽喉如莖處，名巴拿馬，需鑄造火輪車路，及開挑運河，以通接太平洋大西洋兩海，免似從前往返紆（迂）迴，故興此大工，需人尤多。亞士低里亞地，因近時探出金礦，衆民多詣採金，致各牧場內工作稀少。新西蘭之地俱然。想能坐致中土人趨而補助之也。畢竟寰瀛四境，無處無中土人，似此兆億儕流，越境與別邦人士往來接洽，不得不於中土情形風氣稍有變化。自有變而至於美者，可無他虞耳。越境之舉，不獨中土人為然，西土各古國，人工繁集，工

1 又作噶喇吧、咖嚁吧、咬嚁吧、噶羅巴、葛臘八等。據說，噶喇吧是馬來語椰子的音譯，即今日印尼首都雅加達。
2 即指澳大利亞，其東南部的墨爾本因發現金礦而為華人稱之為新金山。
3 即南北美洲。

價賤減，人數逾溢，每年皆有同此長川外出[4]以競趨維新之國。地未開闢，人工稀疎，工價昂貴者，以為謀生之區。設以英國一土論之。往年，每月出境人數，核計竟與一大城邑之數同。辛亥年內，計有三十三萬五千九百六十六人；壬子年內，計有三十六萬八千七百六十四人。若按月計之，即三萬〇七百三十人也。其年中出境至花旗國者，二十四萬四千二百六十一人，至花旗國北境之加拿打者，三萬二千八百七十五人，至亞士低里亞者，八萬七千八百八十一人。其至各零星別地者，三千七百四十九人而已。惟西邦人出行者，與中土人登程，迥不相同。西邦人俱挈眷而行，中土人多孑身遺家言邁[5]，於理既屬不宜，於事更形不便。推原其故，因中國婦女，例不能任便外出，隨意聘游。在別國則不然，即閨人處子，雖薦紳豪富之家，皆得遊行自如，亦從無虞相欺外侮之事。苟出境經營之人，有眷屬者，儘可偕同前往，因舟舶各有艙室，位置區別，恒如常居。若有少妻幼子，輒棄置他適，僅託諸不關痛癢之人，為之照拂，聽其欣戚歡愁，一何居心之忍乎？縱使年中或有寄資，而天涯路渺，尺書沉浮[6]，能否安函抵家，固難懸揣，或遇旅身抱恙，歇工乏資，則寄項更無從措辦。凡此皆能致妻孥困苦，眷口饑寒。茲以吾儕意見按之，有家室者斯携之偕行為宜，如此即或不幸，旅人病殞他鄉，眷屬尚有所依籍（藉），設法終期自立，猶勝於拋置在鄉井，舉目無援，孤悽莫告也。其富貴鉅族者，能預為貽留厚資，以安頓家屬，似尚無礙，然亦不宜拋家別室，久閱歲時，置之度外，且骨肉分處，暌離積久，必有意外之參商[7]。英人遠適者，倘倉卒無資携眷，則先投身是他，徐圖傭值蓄積，俟有餘饒，即寄項接眷。去歲，英人出境至花旗國，凡寄資接眷者，登諸郵籍，有數可按，共計六百七十六萬九千餘圓。在西印度海島，現懸招帖，廣集僱工，其業主皆樂人之携眷同往，如有眷口同赴於彼者，則眷屬之船費，悉取給於其主。蓋抵彼時，凡操業皆可兩人同力合作，即携至孩穉，轉瞬長成，亦可勷力任勞。是家室安康，而工作日旺，即主人之事業，亦可期其蒸蒸日上而增高，豈不美歟！

一八五四年四月一日　第三、四號（合刊）

有人訴稱，上年十二月初三日，有兩枝桅船名「衫落」，自港裝載傭工一百六十四名，到亞士打里亞，路經新嘉坡暫泊。船主因其人數溢額，將艙內三十三人，逐棄上岸，亦不補給資費，竟揚帆前駛。如果屬實，其船主終可以追獲。凡投往別地傭工，不宜隨意附搭船隻，倘其船主人非誠實，必受所累，總宜自擇殷實商行，妥議細備，始能保其船主可靠，船隻可倚，而自得安身之所也！

一八五四年六月一日　第六號

又云，有一船名「完哥呂」，由港載客三百零六人；又一船名「的分波兒運」；又一船名「跛里認」；共裝客五百二十人，計二日之內，共有八百二十餘人載抵金山。按掘金之地，天氣寒冽，傭人多由廣東赴彼者，所携衣服，皆不足以禦嚴寒。

4　長期川流外出之意。
5　邁，有出行、遠行之意。
6　尺書即書信，沉浮是說路途遙遠，書信寄發，由舟輪載送之意。
7　古人以參商為星名。參在西，商在東，比喻雙方遠隔。杜甫詩云：「人生不相見，動如參與商」。

一八五四年八月一日 第八號

本年自正月至六月計，由港赴新舊兩處金山船隻，亞士低里亞計船二十四隻，三佛蘭息士哥[8]計船二十七隻，共計載去中土人一萬五千六百名。此但據報名冊籍按計，恐尚有漏報者不少也。

一八五四年九月一日 第九號

亞士得利亞墨兒奔信來云，有船二號，一名「哥奴瓦」，一名「和李的馬」，裝載中土人於四月初七日駛抵其地。

一八五四年十月一日 第十號

前者黃埔香港等處，有船載華民往真查洲即海島糞洲[9]是也。在華民初意亦以為往彼傭工，不料近聞華民在彼處，受人掣肘，如僕役然。夫照英國例，役人為僕，禁遏最嚴，茲公使大臣包玲曾痛諭各英人，不得以延請傭工為名，復載華民往彼處。

四月初二日，有船名「里伯達」，由港開行，共計八十日，始抵金山。不料開行後，染瘧疾而死者有九十人之多，迨抵埠後，亦日死八九人。此事實出意外，然究其故，蓋因該船開行，得出水單時，只報有二百九十七人。夫以四百九十墩（噸）之船，載二百九十七人，額固已足。查其抵埠日，竟載至四百人之多。此皆租船者，以射利為懷，故先將船拋泊近處，再搭客人百餘，以至有此奇慘也。租此船者，乃為華民，但不知其姓氏。為飽一己之囊，致陷多人之命，良心喪盡，實為可惡。所願後之出海者，必先察其租船者，果是殷實可靠，然後可搭，不然後悔靡及矣！

一八五四年十一月一日　第十一號

上月言及往金山船「里伯達」所搭之客死去甚眾一事。今按新聞紙有云，是船到埠後，有告其船載人過額者，故要將其船歸官發賣，且此次至喪多人之命者，祗因一人之貪耳。夫以一人之貪，至喪多人之命，無良若此，一旦其船歸官，其利安在？所謂弄巧反拙，因貪成貧，良不謬也。後之船主其當有鑒于斯人。

一八五五年三月一日　第三號

唐人往真查洲傭工論

去年英九月，公使大臣包令示諭各英人，不得復載華民往秘魯國真查洲。蓋以華民在彼，受其縛束馳驟，若牛馬然。惟今秘魯已書達英國大憲，言及該處，苛情悉革云云。是以包令大臣於英本年一月二十九日，再示收回去年之禁，准英人如舊，任意載華民往真查洲，代人打工，採掘鳥糞。竊想秘魯國若果能知過而改，則是上應天理，下合人情。但該洲遠處海中，人心難測，華民須當再聽實報，若秘魯人果能曉得柔遠人之理，然後起程往彼，尚未為晚。

8　San Francisco 的音譯，今寫作聖弗朗西斯科，即三藩市，也稱舊金山。

9　地在秘魯，見下文。又據秘魯華僑團體出版戴柏良主編的《歷史與發展——紀念華人抵達秘魯一百五十周年》，內有楊超洋文章談到：「華工初到秘魯一般是在欽查（CHINGHA，《遐邇貫珍》譯作真查）群島鳥糞場、塔拉卡—河塔卡硝石礦區，太平洋沿岸甘蔗種植園和棉花種植園幹重活」。

一八五六年二月一日 第二號

英正月二十六號，有炒茶工人數名，搭火船往天竺國僱工。

一八五六年三月一日 第三號

近聞港中有洋船船主，將船租寫[10]搭載唐人，前往新金山咪厘邦埠[11]。但因唐人未知該埠條例，為此示知。近日咪厘邦埠，新設規例嚴禁洋船搭載唐人過額，要觀其船墩（噸，下同）數而計，十墩載一人，連船主水手在內；另到埠每名搭客，要收醫生銀拾磅（鎊，下同），四圓八毫為一磅，十磅即四十八大圓。倘身價未交，而船主先着搭客登岸，按例罰船主銀弍十磅，即九十六大圓。倘載客過額，按例又將過額之人，每名加罰銀拾磅。此則新例，已於去年英十一月在彼地頒行。果如是者，船主將何以處之？過額每名交銀弍十磅；不過額，每名亦抽收醫生銀十磅，船主豈肯代支此銀。既不肯代支，其將搭客除交水腳外，每人另備辦銀弍十磅之數，以為代交之資乎？或則船主只得將搭客載往別處，不到咪厘邦一埠而已。爾等搭客，須預先訪查明晳各要欵，方好交水腳銀；領紙下船，以免受人騙惑，深貽後悔。

此例是澳大利即新金山咪厘邦所屬一省設立，餘省概不頒行。

10 寫有出租、租賃之意。

11 即墨爾本。

十一、港務船政

為管理好港口和航船，香港政府很早便成立港務局。此圖繪於 1846 年（傳為錢納利作品），小山崗是港務局的官邸，山崗名畢打山，也是以首任港務局長 Pedder 來命名。打石工人正在開路，那是後來的雲咸街。

民航機普及載客運輸還是第二次世界大戰之後的事情，而大量載客，加密班次，又要到上世紀七十年代開始，隨着世界新興國家的經濟發展而蓬勃起來。

上溯到十九世紀還沒有飛機的年代，能夠越洋連接全球的交通工具，就只能倚靠航船了。

十九世紀初，蒸汽機開始應用到航船上，推動輪轉，成為其疾如風的火輪船，逐漸取代了大風帆。輪船浮游大洋，穿梭往還，無遠弗屆，震驚中日。鴉片戰爭中的有識之士梁廷枏，驚歎火輪船：「翻濤噴雪，溯流破浪！」日本人在下田看到美國遠東艦隊黑漆的船身噴捲着濃濃的黑煙，驚呼：「黑船來了！」

輪船成為十九世紀通連五大洲的最重要交通工具。時值歐美列強在全球開拓它們的殖民地，輪船受到極大的倚重，造船業迅速發展，軍艦、貨船、客輪相繼下海，各大洲瀕海的城市，搖身一變而為大商港。

英國治下的香港，自然大有利用價值，瞬即成為東亞的航運中心，一時間萬舸競泊，輻輳維港。其時，有定期航班的郵船，也有往來各埠的貨輪，亦有運載出洋勞工的客船。

如上章所述，當時不少昧於良心的船主，勾結不法之徒，進行詐騙，如收了「水腳」，居期不見船踪影；又或超載；又或船內備糧不足，也有「將朽壞舊船，隨意任載」等不顧人身安危之事，迭有發生。港英政府再不能無視，於是引入英國的港務條例進行監管。〈條例〉定明按船的載重量來定載客量，以每兩噸載一人，即載重四百噸，可載二百客，並規定每人可佔艙位的空間，計算航程，每人每天必須備有若干米、油、鹽、食水和肉等，經督理官員核驗，方可啟航。

丈。

《遐邇貫珍》報道了不少出洋勞工登船受騙的事件，是研究華人出洋打工的貴重資料。香港政府對載送華工出洋的航船作出稽查，立例管制。但歹徒是道高一尺，魔高一丈。他們遵照法例規定讓搭客在香港登船，當船開離香港，再前往離島接載超額的華工，逃過檢查。也有一些船隻，為避過香港的規管，和經紀人聯通，將集合在澳門的「豬仔」，先送往汕頭，然後由汕頭登船出發（參考上引書朱杰勤著〈十九世紀後期中國人在美國開發中的作用及處境〉，頁一四七）。此外，第十四章的〈廣告啟事〉，有不少出洋航船的廣告，大力宣傳其船隻之堅固和忠誠待客，可互為參看。

一八五三年八月一日　創刊號

五月內，總計漢人由金山回港者一百四十名，由新嘉坡回港者一百九十三名，由孟加拉回港者一十三名。

一八五三年九月一日　第二號

火輪郵船總歸西東火船公局調辦，每年受英國帑銀八十八萬餘圓，專為捎帶英國及各國暨屬國往來書信。往歲，火船由英至中土，每月一次，其受國帑尚較減少。今歲，則增為每月二次矣。其啟程每月皆有定期，在英則以初四、二十為期，終年不改。惟在香港，亦以每月初旬、末旬為限，但時偶有參差者。因中土冬夏風信無常，如在九、十、冬臘、正、二、三等月，東北風旺，則遲六日啟程，固可飽乘順風而行；若四月至八月，西南風旺，則早數日解纜，逆風而行，卸帆減桅，專用雙輪馳駛。其由香港啟程，恒有公局隨時預紙標白[1]。至於啟行之時辰，則英國、香港均以未正為定。附客[2]總不得刻秒延擱，以致落後不及登舟。茲火船公局所有大船最夥，皆精工良材，現值貿易增盛，需船日廣，今更增配多隻。現查閱該局刊單，屬局現經開用者，統計大小二十六號，或船旁製造明輪[3]，或船底配置暗輪，其式不一，最大者任載三萬餘担，小者六千担。茲設言火船於英九月三十日未正由香港啟行，即歷虎門外洋各洲島，過瓊州、

1　原作顯揚解，今作標示明白之意。
2　即搭客、乘客。
3　由風帆轉至以機器來推動航船。早期多用明輪推進，附於輪船的兩側或船後，故有輪船之稱。也因為蒸汽機的應用最早施於航船，所以又有汽船、火輪船等稱謂。後來，推輪改作暗藏，不作外裝，起到保護作用。

越南之祿奈各山嘴，環行摩羅隅及白石之燈樓。彼處峽口兩岸一帶皆林木葱蘢，青蒼彌望，是日為十月初七，遂入新嘉坡，小住一晝。夜增備煤炭，旋即西北行，穿厤六甲峽口，越二日抵檳榔嶼，再增煤炭，少停兩時許，又西向西倫遺行……[4]遂抵英國之叟含敦[5]海口，統計五十一日程。至此百凡充備，惟在所携行囊充裕，則無不如意矣。

一八五四年二月一日　第二號

近來，外國船載中土人出口者，每因火食不敷，屢出意外不測之事。現於十二月初三日，奉本港總憲諭示，凡載中土人者，定其日給之例：每人每日給米半磅、鹹猪肉半磅、油半兩、英碼鹹菜三兩、烟半兩、淡水一加倫、木柴三把；每人每禮拜給鹽一兩、胡椒一兩、醋半杯、茶葉四兩，藥材則需用而足給之。

一八五四年四月一日　第三、四號（合刊）

小呂宋總憲現設立火輪郵船，自彼達港，往來絡繹，每月一次，兩地商民，深資其便利。

一八五四年五月一日　第五號

二月二十四日，香港有兩枝桅船名「帶吾」，裝載傭客，前往悉泥（尼），有六十餘人已交付艙位銀，不得登舟附載。攬頭人因而潛逸。余前編曾誡凡欲出海之人，必詢問商行船主，殷實可靠，始可與之議價附載，若不謹慎，必至脫空。現聞道路紛紛，被陷失路者，不知凡幾也。

二月廿五日，有秘魯船名「烈百達」，由香港裝載傭客，前赴金山，揚帆不遠，為人列控。

刑司衙門派遣委員弁役追之，提其船人回港審辦。據所聞，其船原係只利[6]國船，價賣與中土人順隆號祝盛，價銀三萬元。立約訂定，船主搭客四百名，祝盛搭客一百六十名，其船價即在四百客人水脚銀抵算。及船主收銀，尚缺三千一百元未得交清。而祝盛所搭之一百六十客人，欲上船，船中人拒之，不准其登舟。旋於晚間，船主潛行斫纜掛帆駛行出口，祝盛具控，英憲委派員役馳划艇出海，提其人船回港，候訊明辦理。

三月十七日，郵船公局派有新火輪船一隻抵港，船名「打達兒」。此船由英製造前來，專為由港至廣州，常川往來製運之用。其舊船名「間頓」者，現已駛回印度地方，修換船內機捩事件。

駐港花旗國領事，出一告帖，諭各商船船主載客人前赴金山之例，如何遵行，每船裝客，皆有一定額數，倘逾額載客至金山，每一名罰銀五十元，船主監禁一年。此其大畧也，若欲知其條規詳晢（晰），至領事署內請查，可得詳備。其署暫在本港布士行。

一八五四年六月一日　第六號

英國有條例，久已通行於本國及各屬土，而中土民情風氣不同，未及一律行之。惟近日中土人附搭海舟，出境而遠適經營者，其數日益增多。而攬載者，但計利之多寡，不顧人安危，將朽

4　這裏節錄的是《遐邇貫珍》的〈西移述概〉，全文近三千字，是處中略了由西倫（斯里蘭卡）起經孟買、加爾各答、而至紅海口，上溯而抵麥嘉城，再從亞丁抵登蘇夷（彝）士城，轉乘馬車，直指加以羅（開羅），最後抵達亞勒散得（即亞歷山大）港，又登輪船而抵英國。

5　即修咸頓，今譯為南安普敦，位在英國東南部濱海城市，早年已有造船業，是著名的海港。

6　即智利。

壞舊船，隨意任載，常有意外之虞，致性命之憂。現將此條例譯出，通行於香港，在商民客傭，均有裨益。凡海船載客者，由總憲派委按理官一員，未士力傑將其船按驗閱視。每船載客，皆有定額，每客艙位闊二尺、長六尺、上下高六尺，每日每人米一磅半、鹹料半磅、水一加倫、油約三錢、柴足用。按計順風行程七十五日；逆風一百日，火食皆敷備無缺。延置外國醫生，則備外國藥材，中土醫生，則備中土藥材，委員視之，均得如式。然後行文刑訟司衙門，刑訟正使詣船查閱，出諭帖，准其船揚帆登程。倘有逾額及不如式而私自開行者，無論駛抵何處，係英屬土，二年之內，獲到將其船充公。蓋中土民庶，來港欲附船遠適者，多不能識船隻之良否，火食之多寡，必由官派一人代為經理，庶所以保獲而安全之也。

前篇近報內敘過，有外國船名「烈必達」，載客前赴金山，被人具控。臬司委派員弁追提回港，見其載客逾額，且船內污垢紛雜，種種違式，旋經審訊，復經船政廳憲按驗，皆安置如法，准其載客三百二十人，復行揚帆前邁矣。

一八五四年七月一日　第七號

上年歲底，點核本港灣泊船隻數目，共計是日停泊者有船艇一千八百六十八隻，有人一萬三千一百一十九名。

近有花旗常行船一隻，名「佛來應各婁」，由金山揚帆開行，逾三十七日駛抵香港，可謂迅速矣。

一八五四年八月一日　第八號

十五六間，省垣各富室畏亂先徙，多挈眷附本港常行載運貿易之火輪船，赴本港及澳門寄寓。有一火船載至六百餘人者，多婦女幼穉[7]，亦有用中土快艇載人，以纜繫於火船以行者。各船價水脚湧貴，聞一中土客賃一火船載眷，價至一千二百餘圓。

一八五四年十月一日　第十號

七月廿七日，有火船名「打打」，由省駛回香港，不滿七點半鐘，其快捷從所未聞。

閏七月十七日，有船名「哥密」，載有煤炭，由英國里華布[8]揚帆，所經水路五萬里有奇，不逾八十五日，即已抵港。其駛迅為前所未聞，且桅帆纜索等項，無有敗壞。

一八五五年三月一日　第三號

香港于一千八百五十四年英五月，本港大憲曾設立執事一人，專理本港開駛之船事務。凡船由此港開駛者，該執事之人，必先勘驗其船可否、與及所搭人數不許過額，船上糧草、茶水俱要豐足。所立之例甚嚴。但斯時恨未即行，今大憲重申制令，使人遵守。自今以後，凡有船在本港往金山者，每二墩載一人，則每客可有艙位九尺，假如有船可載五百墩，則准載二百五十人，四百墩者，則准載二百人，船主水手，均在數內。每客之糧，必照大憲所定之例而行，永不得更

7　同「稚」字。
8　即利物浦。

易，務使人人皆得安康抵埠，永無意外之虞。其法之盡善如此，則凡船之在香港開駛者，必獲康寧，遠勝于在別處開駛者矣！以余愚見，有此規條，誠為唐人外遊之便，至有傭工之人，服役外國人門下，而旁人稱之為「猪仔」者，深為可怪！此無他，皆因其人心懷妒忌，見人之利而惡之耳。余以為，凡目人為「猪仔」者，其自稱為「猪仔」尤宜也！何也？則以其飽食思眠，無所事事，有如猪然也。若傭工之人，挈眷到彼，更為兩便，不然則開行之後，雖有銀十圓、八圓留為養家，然亦不過足支暫時之費而已。隔別遙遠，照應殊難，不可不慮也。

一八五五年四月一日　第四號

馬加列船搭客受枉事論

去月，《遐邇貫珍》論及大英所設治理洋船載客出外之例，業已曉諭港內，嗣後一體遵行，決無容犯等因。詎料，當時有英船一隻，泊於本埠海面，船名「馬加列」，船主名威地，已標示載客往新金山。此船僅大二百三十六墩，照例宜載一百一十八人而已。而船主惟利是圖，遂賃其船於某某店，約得銀一萬五千，承載唐客三百三十六位。船主與租船者，明知上干國法，下陷民生，故詭計多端，稱云：本港水面不能接客，遂於正月十六日揚帆，駛至零丁等候接客。衆客信以為然，屆期各顧（僱）小艇，魚貫而至。不謂一到零丁，船影俱無，莫不切齒含恨。即于零丁左右尋覓三日，全無踪跡。今聞在港已上衙門，告租船者及承辦該船事務之英商一人。此事極其殘忍，船主雖有人面，而心則虎狼。居本港者，無不忿恨，余亦為之惻然。惟是船主固不足責，而各搭客既知船小載多，竟爾甘受其愚，亦自不慎以致之耳，夫又何尤！

一八五六年一月一日 第一號

十二月初旬，有船在舊金山到港，載有唐客四百名。

一八五六年二月一日 第二號

自英正月一號起至英正月八號止，據日報所載：唐人自外國外省搭外國船來港者，核其人數如左：由上海來港者，二百二十六人；由舊金山加利科來港者，二百八十五人；由新金山砵腓立[9]來港者，二百一十一人，帶有金砂甚多；由新州府[10]來港者，一十二人；由小呂宋來港者，一十九人；由台灣來港者，一人；由英國倫敦來港者，婦女一人。

一八五六年三月一日 第三號

洋船在香港搭載唐人規條開列

此規條乃由大英國會頒來，因見租船搭載唐人者，每有惟利是視，其弊多端，故特酌此良規，傳來曉諭，俾租船者有所持循，搭船者無妨意外，誠為法良意美也。

凡有搭載唐人洋船，船主如有故犯後開各欵條例，按法可將船隻充公，或將其人監罰，別人同謀違犯規條者，每次罰銀一百磅（鎊）。

——凡有洋船搭載唐人往別處地方，過於七日水程者，須稟請督理，適他國搭客船隻官給發

9 即墨爾本。

10 即新西蘭。

牌照，方得開行。其牌照要遵一千八百五十五年所設為洋船搭載唐人則例內所載牌照款式。

——凡有洋船搭載唐人，要預先七日稟官報明所往之地方，並開行日期，船中要醫生一名，傳話一名，候該官員驗察，視其各能勝任者，然後給照。

——該船既經稟報，須任由該督理官員時到船上稽查船身、桅、梩、繩索、家伙什物伙食等件，倘有欄阻及不遵查閱，按例每次罰銀一百磅（鎊）。

——督理適他國搭客船隻，官凡查閱船隻是否遵行後開各款方可給照。

——須驗明其船隻堅固，船戶水手人數足用，桅、梩、繩索堅妥，船艙通氣，船中所貯之貨，總勿潮壞薰蒸，或逾額滿塞，或堆放雜錯，種種不妥，皆於人客有碍。

——船中二層櫃面，搭客十二歲以上者，每人至少有位高六尺、長六尺、闊二尺、共方停七十二尺為式，一歲至十二歲之幼孩，兩名以一位計。

——船面每客要留地五尺待用。

——伙食柴水，一俱要佳品安置妥當。按行船日數，照依後列款式辦足待用。

伙食開列　每日每人：

米一磅半，即十八兩，鹹頭半磅，或全猪肉，或二份魚、一份肉，或猪牛肉各一份，魚一份亦可；鹹菜或酸菓半磅，水三個刮[11]五斤四，柴兩磅，茶三錢三。

——要備辦各處地道藥材船上待用。

——凡有英國商船載唐人駛往別處地方，過于七日水程者，該船主照依以上伙食牌照發給伙食柴水，至于以上所列床位餘地或艙內通氣之法，除因別有大益于搭客偶有改置，否則不許妄意更改。又毋得將搭客待薄，除當緊急之時，平常不得使伊等幫船上做工夫、倘搭客遇有疾病，仍須發藥盡心調理。須要遵依開行船照所註明應到埠頭，到時經過寄錨取水，及辦買各件緊需之物，必須將各客直載到所往之埠，毋得虛將時日擔擱。

——該督理官員臨期要令各客齊集，查問各人是否知往何處，若有與人立合約而去者，問明他是否知該合同所載之章程，逐一查明，然後給照。倘有合約所立，該官亦宜將合同抄白，或將大畧要節錄出，粘附照尾。倘客身有病，或衣服未得足用，或所立之合約不公，或疑伊等是受人拐騙下船等弊，該官可將其船留住，或合意可着搭客不拘多少，再行登岸。

自二月一號起至廿七號止，唐人搭洋船入港列下：由寧波來者二人；由上海來者八十八人；由舊金山來者六百十一人、內有婦人三名；由廈門來者十六人；由呂宋來者八人；由舊州來者十五人；由福州來者四十六人；由新金山來者一百七十一人、帶得金砂約值銀十四萬；由山頭來者二十人。

11 廣東人音譯英文的 quarter 為「骨」，這裏則音譯為「刮」，是四分之一的意思。上文一直談重量用英磅，所以這裏是說英磅的三個「骨」。一英磅合十六盎司（安士），三個骨就等於十二盎司。

十二、海難事故

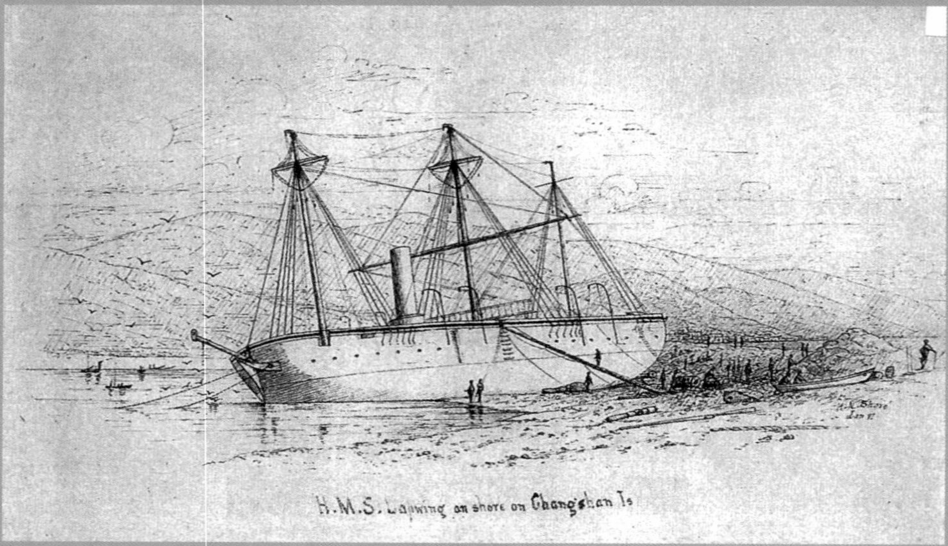

H.M.S. Lapwing on shore on Chang'shan Is

貨船畫解

英國近日新造貨船、身長三百三十五尺、闊四十一尺有半、深二十六尺有半、可裝貨二千七百二十噸、每噸重十六擔八十斤、船帆用布一萬五千尺、火輪之力、可有二百碼、每日用煤二十二噸、有風則揚帆而駛、無風則藉火以行、若風火相濟、則一點鐘內、能行五十四里、惜乎中國無人搆造此船、倘爲民上者、着良工師到英地取法、數年之內、自能通曉、將見中國造船、從此盡善矣、望之。

照船燈塔畫解

西邊洋面、每有生石顯突水面、或有隱伏水中、行船者、倘若不覺、偶與此石相觸、則船破貨壞、蓋每歲之犯此者、正不知凡幾矣、故西邊諸國、凡于其所屬洋面、察有險要處所、即在石面建塔一座、虛其中、用螺文旋上、近日則全用鐵板搆成、每塔着數人看守、夜則在塔頂燃燈數盞、照耀洋面、俾行船者、隔遠而預知趨避、且各塔以燈色分別、如某塔則專用某樣燈色、或用燈自旋轉、半明半

藏者、使船中人望之、而知其爲某地之某塔也、自各險建塔之後、永無破船壞貨之患、此法誠爲盡善、而且可垂永久者也、每船到此、量度其船大小、以爲抽稅之則、歸其資於本塔、爲每年費用之需、各船主亦無不樂爲輸將焉。

上：往昔對天文氣象認識不足，對海床深淺掌握不準，因而海難事故頻生。

下：慎防海難，《遐邇貫珍》倡議建造燈塔。

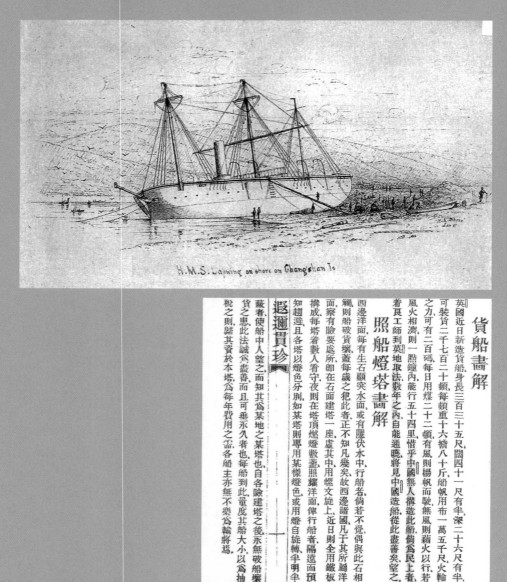

蒸汽機動輪船能無風疾進，逆流而上，大大縮減了風帆的航行時間。正是時間就是金錢，輪船的出現，在經濟效益上取得了巨大的貢獻。

然而，十九世紀對天文氣象的認知尚有不足，未能預報颱風的來襲，所以往往在大洋中遇到暴風狂捲，巨浪騰翻，造成沉船覆舟、人貨俱亡的事故。《遐邇貫珍》收錄了從香港出發遇險的海難事故和救援情況，反映出海途凶險，非如今日之安晏。

一八五三年十一月一日　第四號

五月二十三日，有三枝桅貨船名「黎地伊弗倫」，由港開行，載有中土二百四十一人。六月十七日，駛抵台灣東北洋面，猝遇風暴，遂於該處之太平山島擱礁，全船覆沒，人貨俱空，僅餘伙長一名，中土人二十四名，泅泊山島得免。船經英水師提憲聞信，派火輪船至彼拯載其人至廈門，現已陸續回港矣。

一八五四年四月一日　第三、四號（合刊）

荷蘭船名「非羅呢」，由港載中土客三百人前赴金山，中途觸礁船破，衆客齊力幫助戽水[1]，始勉抵新加坡，進口停泊修理。現在中土人之出境者，其數日旺，有人出重價購船裝客，第恐所購之船，總有朽壞欠堅牢可靠者。凡有人欲出境營生，宜先詢探明悉，船隻新固精堅，船主誠樸篤實，始可附搭其舟，寄身命於重洋也。

一八五四年六月一日　第六號

初七日，急水門有澳門渡正在駛行之際，船中櫃內，有火藥箱，為客人吸烟廷（延）燒，旋得撲滅，已焚傷二人，並一幼孩受傷皆重。

前篇叙過有兩枝桅船名「衫落」，自港載客，駛經新嘉坡，暫泊擱延。茲有別船主到港云，正月十五日，於亞士得理亞大洋[2]西邊，見衫落船在洋被颶風損折大桅，其船主適有預貯桅木，因以一枝贈之。

一八五四年七月一日 第七號

廿五日，英火輪郵船名「都勞」，在港開行。未幾，駛抵巴刺些羅士[3]遇颶風，將船上烟筒打折，欲用帆返駛回港，復觸礁石，破船甚危，乃用小舢板載數人，馳至海南，欲取中土船來援。而中土人不容外國人登岸。不得已，仍用該舢板，鼓棹力馳，返港報知。即派撥火輪船二隻，前往救援諸人及書信等件。艙中有湖絲一百六十箱，雖亦得回，然已被沾濕矣。

又有船名「都巴士」，由港開行，前赴三佛蘭錫士歌[4]，駛至巴拉的士[5]洋面，觸礁船破，勢甚危殆。適有返載船一隻遇見，援其人二百六十一名回港，尚有八十餘人在破船棲止，由港僱中國船前往救援，全數生還。其處相隔不遠，尚有載中土人之外國船，同遭難擱礁，亦已有船前往援之矣。其船名「害之亞」。

一八五四年八月一日 第八號

初五日，本港有花旗兩枝桅師船，名「波布士」，船主名羅蘭度，揚帆駛往巴拉的士土名東沙洋面，救濟月前在彼擱礁之「害之亞」船隻，將其船中人及搭客等，拯救過船。同時，亦有客商名必倫，乞由本港僱拖船一隻，駛向該處。於是計救得五百二十人，於十二日載返香港。其衆

1 汲水之意，這裏是指合力將淹沒在船艙的水倒灌出海。
2 即悉尼，見一八五四年八月號的夾註。
3 待考。
4 美國三藩市的另一種譯音。
5 據下文原註是「土名東沙」。

人在亂礁荒島閱二十日，糧食已罄，削掘木皮草根以充饑，已斃四人，有一人已至垂危，登船旋亦氣絕。倘無此花旗船至彼救濟，恐亦無人能往，則彼數百生靈，全數困斃無噍類矣。

一八五四年十一月一日　第十一號

八月十七日，有英國貨船名曰「馬利士白」到港，載有唐人十三口，其人係被颶風打壞其艇，飄至大海，水米俱無。若不遇此貨船，衆人難保身命。幸得船主見其于垂危之際，急轉船頭，就而救之，絕不以費時費力為嫌。既至香港，該艇所有鴉片箱等物，一一交還，絲毫不取，茲特樂記其事，非為以表船主之仁心，實以勉讀者當知患難相救，為世人第一善事也。

一八五五年一月一日　第一號

十月十六日，火船「簡頓」牽花旗船「迦士里」入此港口，其船已經破壞。此船亦由舊金山回者，船上搭客甚繁，特回故土。九月三十日，忽遇狂風，將船桅盡皆摧折。其時浪蓋船面，繼入艙裏，溺死十六人，船主之器皿盡入水中，而船主及水手猶勉力行事於危苦之際。故十四日半，其船駛行四千五百里許，恰遇火船，牽之入港。此事入耳，心更怏怏。所以錄之於前一事之後者，使此船若不甚堅，則不特淹溺十六人，即滿船生靈，亦靡有孑遺，皆葬於海魚之腹中矣。蓋水路之遙者，不比於邇者之得自若，凡茲搭客，可不謹勘其所搭之船哉。

一八五五年四月一日 第四號

救危獲報論

正月初間，有洋船一隻，正在海外駛行，忽值颶風頓作，將船擊破，以致舉船之人，盡為鯨鯢[6]，良可慨也。幸得水手二人，素善於游泳者，奮力逃生，隨水飄蕩，直至新寧[7]山下。適山上有人採樵，二人見之，乃登山乞救，惟樵人未通其音，乃以手指示迷津，引至唐薄村。值有李澤者，乃仁人君子，見此亡命之人，遂發憐憫之心，給之衣服更換、作飯食之。後共一老人名楊綬者，帶二人至澳門，於十三日，搭船回港。二人既感得救之恩，乃往禀知總督。因此，總督賞銀一百圓，英商數人亦賞銀六十四圓，共一百六十四圓。今述此事者，一以表仁人救難之德，一以表英人報恩之心。奉勸後之君子，勿以施恩望報而救人；又勿以受恩而忘人之德也。

6 古人分鯨魚雄為鯨，雌為鯢。

7 位在廣東台山。

十三、社會民生

上：1857 年香港一條內街的擁擠景象

下：火警逃生的一幕

彙輯入社會民生的資料比較少，但值得注意的是省港澳大米的供應。事緣上一年度，廣東天地會自佛山起義，在珠江三角洲和官軍激戰，先後曾攻克順德、香山、東莞、清遠等縣，更圍攻省城廣州。戰事連延，自然影響大米的種植和運送。大米供應緊張，就出現搶購，繼之抬價，囤積居奇。港英政府為保障大米的正常供應，問計於米商。經過官商合議，最終找出解決方法。

另外有兩篇來論，專門針對賭博之害，分別是：〈賭博為害本港自當嚴禁論〉、〈戒打白鴿票畧論〉。

而在第十四章的〈廣告啟事〉中，也有不少有關社會民生的資料可供參考，如學校的招生、省港澳客船往來廣告，以及進口米價、內地油糖等的行情價，均一一臚布，與社會民生亦有密切關聯，可互為參考。

一八五四年五月一日　第五號

本港共計營署及英華行館鋪屋現有二千九百零七間。

一八五四年六月一日　第六號

二十八日，英國君主千秋節[1]，香港官弁商民慶祝，營房聲砲列隊操演兵士。總憲宅中官眷，廣設筵讌，鼓樂延客，各國師船，皆升旗以表敬禮。

香港有官醫生，凡居民病者、死者，皆登籍記其數。茲以癸丑（一八五三）年比之上數年，其數較為稀少，或緣現時增栽樹木，則將來地方蔭庇清涼，而四處山泉溪壑，引流利暢，地方污垢穢雜，流滌清淨，是以居民少疾病，而疵癘之傷稍稀也。

一八五四年七月一日　第七號

是晚戌初[2]，太平山地方因連日霪雨，山泥崩圮，滾落巨塊，將民房壓倒，內有一外國水手被傷殞命，側鄰書院，亦幾遭傾塌。

一八五四年九月一日　第九號

香港近來多有中國士紳眷屬寓居者，有英人官商等眷口，與之酬應往還，彼此皆有禮貌，情意亦極欵洽，此誠美舉。將來中土人遠適他邦別土，與眷屬偕行，周旋洽熟，並學習其言詞，諳悉其規矩，自無參差扞格之虞也。

亦然。

一八五四年十一月一日 第十一號

八月初七日辰中過一刻[3]，忽然地震，室皆搖動，鐸鳴鐘停，岸旁所泊船隻亦皆震動，省垣亦然。

一八五五年六月一日 第六號

前月本港大憲，目擊港內米價騰貴，故喻米商等，各陳己見，妥議盡善章程，俾得採擇施行等因。足見大憲留心民事至意，茲將各商呈文並大憲批語，詳錄於左：

各商紅呈

聞省城米市限價，至令米船少到，米價大增。香港不限價，米船尚亦源源而至；澳門封港，米船即不敢入境，價雖不高，而米日少矣。但澳門附近皆有米出，雖無外來之米，亦可足食。香港近地田少，全藉外來，若封港，則米船不到，不特價昂，尤恐缺食。是封港原欲以顧糧，反致絕糧矣。決不可行。

現時，米價日增，皆因各處客商來港爭買，標高市價辦去。故本港存米無多，人皆致食貴米，此一可慮也。米船到港，每被一家全買，利歸一家，不得均平，此亦可慮也。茲將法度除上憲台察奪。一、凡米船到港，必要一律分售各家米店，其或有數家不即齊集者，則其名份歸入各

1 唐玄宗侍臣以天子生日為千秋節，後之天子亦有繼之。英國有為君主度壽辰的傳統，轉換至香港，習中國稱謂，也說成千秋節。其時英國君主是維多利亞女皇。

2 戌時即晚上七至九時。戌初是七時剛過。

3 辰時是上午七至九時。辰中過一刻，即過了八時十五分。

家均分；一、各舖賣米在本處日給一二包者，限照本加四先士，若賣多及外客採辦，則任從舖家議價多少。如此，自然米價不至爭貴，港店大小均沾其利，遠近百姓，皆受其益，請定章程，准後百姓米船到港，公司勿限其價，又勿封港，任從時價買賣。然後米船多至，而本港愈加興旺也。

如果貴國欲行善事以濟百姓，莫若公司遣貨船或火船，往各埠運米來港，除清費用，照本平賣以惠百姓。平賣之法，每家每次約買一包為率，是本港百姓實受其益。在公司於本錢無損，所謂惠而不費，人人感德，此法最善。

大憲批語

三月十九日，香港寮佐官麥，奉憲轉諭米市首事人等知悉。照得昨經傳詢一切事宜，現擬不拘，仍准照常載運往來買賣，惟伊等求發皇家船隻解運一節，是難准允。今即有便船，必專用以袪絕洋匪。盜匪盡絕，則通貨貿易不難，其袪滅賊匪之事，若便速行可即一掃淨盡，致本港之興盛也。凡屬內民等，倘敢有爭鬧，或搶奪米糧等弊，必行嚴拿重辦。但此乃不務正業下流所為。本港原不容無業閒民藏匿，將來正業居民備足，其閒散之徒，須禁止其由內地遷赴本港。至於及期，另行曉示，須知諭者。

自憲批發後，南北皆有船陸續載米而來。聞說初八日，載到米三萬五千担，故此本港米價日漸低減，誠可喜也！

港內義學廣益唐人論

大英自開港以來，皇家每于該處村塲，設立義學，以啟發童蒙，無非胞與為懷[4]，不忍困蒙之吝。近聞香港赤柱等處，竟多有不在義館就學者，詰其所由，乃因其父母不喜其子姪誦讀耶穌經書，且嫌館內不安文昌帝君云云。夫耶穌之書，始終教人為善去惡，其有益人身心者更大，且為英國所信奉。唐人居在本港，即屬英憲治下，誦習此書，有何不可。至若為父母者，堅意不欲其子弟誦習此書，則脩書達知該學先生，使其專讀唐書亦可。英斷不以歸信耶穌強人。至于設立文昌帝君銜位，皇家書館，決不准行，蓋有犯于上帝聖誡，且亦無益于人，殊屬無為。今港內日就太平無事之時，正值偃武修文之會，故于各處書院，復議別立先生，用英話教以天文地理數學等事，其有裨益于後生小子者，正復不淺，為人父母者，曷細思之。

一八五五年八月一日　第八號

賭博為害本港自當嚴禁論

下所條陳賭博三弊，並本港不可開設明場一摺，乃唐友所撰。前月，他曾到余書房，談及此事，言已聞本港大憲，業允匪類所求，求余設法阻止，以挽狂瀾。余初聞而不信，以為市井訛傳。迨後，果聞有此消息，心窃異之，然終料大憲智珠在扼（握），一任匪人施其誘惑之謀，而仍有毅然不惑之見，斷不作此傷風敗俗之事也。茲印唐友所撰之論于後，俾港內諸君子讀之，知賭之為害甚大；而匪人讀之，勿生覬覦之心，則吾友之心慰，而余心亦慰矣。

夫賭乃盜之源，四民好賭，則必壞品，僥倖之心生，廉耻之道喪。贏錢則花消嫖飲；輸錢則鼠窃狗偷。前者大憲深明此害，曾經嚴禁在案。故港內工商年中所聰錢銀，皆得蓄積，漸致殷富，由無賭館之耗也。近有私集打牌者，不過逢墡作興耳。非相識者不能入座，尚亦安靜，得失無多，不至如明場之肆無忌憚，招集匪類而壞風俗也！大英立法嚴訊，既禁之于前，必不行之于後，國富財雄，亦豈屑收此陋規乎？今聞有人指打牌館為私賭，不如開例徵收正餉者，以利進言，欲求動聽，是貪小而失大也。請詳言其弊，計其每年納正餉銀二萬四千圓，而承辦之人要賰一倍，出本之人又要賰一倍，館租食用工費及一切虛耗，又不止一倍，是一年所需費十餘萬，皆本港工商日夜辛勤之資，特設賭館而誘取之耳。而正餉所得無多，徒填棍徒之壑，是奪工商買賣之本，而養千百無益之人，大為生意之害，恐地方自此難旺矣。試觀內地賭風盛者，其游民必多，盜賊由此而起。伏惟大憲明鑒利害，永遠嚴禁，地方幸甚，謹條陳其弊于後，伏祈察奪。

——香港商人行內，必須唐人買辦，以及收支銀兩，若賭局一開，其人悞入賭場，輸去銀兩，將有或私逃匿，或尋自盡，而商人亦受累矣。此不可開賭之弊一也！

——香港公司多費銀兩開設書院，以育人材，此甚有益于民間子弟。若賭局一開，定必有後生子弟立志未定，而被賭局所誘者，是設書院有益于人，而開賭局則又損于人，功過豈能相補，此不可開賭之弊二也。

——近今各處盜匪，由內地逃出，潛跡于香港不少。若開賭局，場中鬧事必多，或爭或搶，難保無人命之案矣。即使現時不鬧事，而將來之禍根亦無底止，是不可開賭之弊三也。

一八五五年九月一日 第九號

戒打白鴿票畧論　此論是歸善縣少爺送來

語云，賭近盜、淫近殺，蓋賭之為患，甚鉅且烈也。然諸賭博之中，為患尤甚者，莫如打白鴿票一事。其法人人皆知，茲不贅論，獨論打此票之用字焉。開此票者之出字，均屬無定，以無定測無定，則其開者恒獲其利，而打者罕得其財，其或偶然打中其字，不過千百中之一二人耳。乃人之沉溺于中，而罔知悔悟者，不知凡幾，亦竟甘受設局者之誘惑，抑獨何哉！今試將其患而約畧陳之。蓋打此票者，不論男婦老少，不限多少錢銀，皆得以為之。始也，利令智昏，欲一旦而致倉箱之富；繼也，事與願悖，忽轉瞬而成囊槖之空，甚至蕩產傾家，往往如是，廢時失業，比比皆然。夫民務正業，世鮮澆風，今此票盛行，以開其徼倖之心，必廢其本分之業，既虧行止，復昧天君。得財則酒色相尋，比匪之傷不計；失財則狗偷接踵，犯法之罪何知，且也投井懸梁，隕命每因而起，鬩牆反目，操戈為此而興，是可悲也，為之慨然！余曾目擊心傷，不忍旁觀坐視，用敢略陳鄙語，聊當規諫之誠。倘蒙不棄斯言，懇設革除之法，使稂莠除而嘉禾可養，積弊去而風俗可淳，豈徒吏治賴以肅清，即黎民實沾德澤矣！

一八五六年三月一日　第三號

本港于二月十九至廿一日，在黃坭涌鬥馬。

十四、廣告啓事

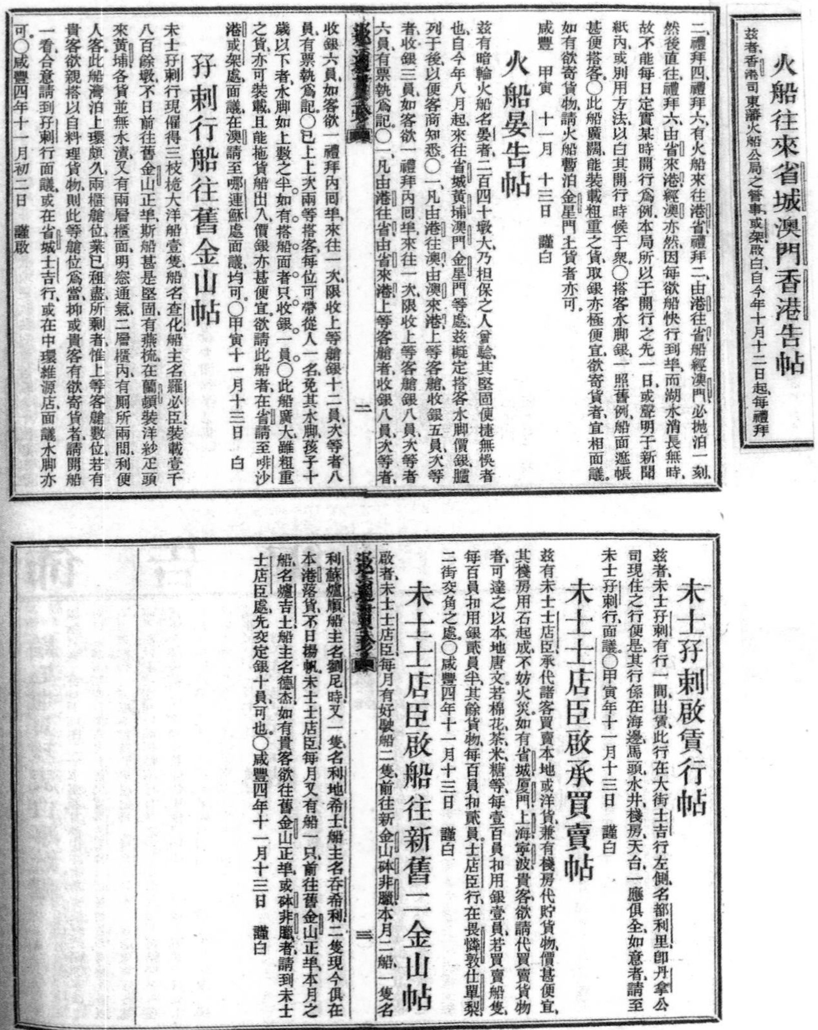

火船往來省城澳門香港告帖

茲者、香港司東藩火船公局之管事、或架啟白、自今年十月十二日起、每禮拜二、禮拜四、禮拜六、有火船來往港省、禮拜二、由港往省、船經澳門、必拋泊一刻、然後直往、禮拜六、由省來港、經澳亦然、因每欲船快行到埠、而湖水消長無時、故不能每日定實某時開行為例、本局所以于開行之先一日、或聲明于新聞紙內、或別用方法、以白其開行時候于衆。○搭客水脚銀、一照舊例、船面遮帳甚便搭客。○此船廣闊、能裝載粗重之貨、取銀亦極便宜、欲寄貨者、宜相面議。如有欲寄貨物、請火船暫泊金星門、主貨者亦可。

咸豐　甲寅　十一月　十三日　謹白

火船晏告帖

茲有暗輪火船名晏者、二百四十噸大、乃担保之人會驗、其堅固便捷無悞者也、自今年八月起、來往省城黃埔澳門金星門等處、茲擬定搭客水脚價銀、臚列于後、以便客商知悉。○一、凡由港往澳、由澳來港、上等客艙、收銀五員、次等者、收銀三員、如客欲一禮拜內回埠、來往一次、限收上等客艙銀八員、次等者六員、有票執為記。○一、凡由港往省、由省來港、上等客艙者、收銀八員、次等者、

遐邇貫珍　二

收銀六員、如客欲一禮拜內回埠、來往一次、限收上等艙銀十二員、次等者八員、有票執為記。○已上上次兩等搭客、每位可帶從人一名、免其水脚、孩子十歲以下者、水脚如上數之半、如有搭船面者、只收銀一員。○此船廣大、雖粗重之貨、亦可裝載、且能拖貨船出入、價銀亦甚便宜、欲請此船者、在省請至啡沙港、或架處面議、在澳請至哪連稣處面議、均可。○甲寅十一月十三日　白

孖剌行船往舊金山帖

未士孖剌行現僱得三枝桅大洋船壹隻、船名查化、船主名羅必臣、裝載壹千八百餘噸、不日前往舊金山正埠、斯船甚是堅固、有燕梳在蘭頓、裝洋紗疋頭來黃埔各貨、並無水濆、又有兩層櫃面、明窗通氣、二層櫃內、有厠所兩間、利便人客、此船灣泊上環頗久、兩櫃艙位、業已租盡、所剩者、惟上等客艙數位、若有貴客欲親搭以自料理貨物、則此等艙位為當、抑或貴客有欲寄貨者、請開船一看、合意請到孖剌行面議、或在省城士吉行、或在中環維源店、面議水脚亦可。○咸豐四年十一月初二日　謹啟

未士孖剌啟賃行帖

茲者、未士孖剌有行一間、出賃、此行在大街士吉行左側、名都利里郎丹拿公司現住之行便是、其行係在海邊、馬頭、水井、棧房、天台、一應俱全、如意者、請至未士孖剌行、面議。○甲寅年十一月十三日　謹白

未士士店臣啟承買賣帖

茲有未士士店臣、承代諸客買賣本地或洋貨、兼有棧房代貯貨物、價甚便宜、其棧房用石起成、不妨火災。如有省城、厦門、上海、寧波貴客欲請代買賣貨物者、可達之以本地唐文、若棉花、茶、米、糖等、每壹百員扣用銀壹員、若買賣船隻、每百員扣用銀貳員半、其餘貨物、每百員扣貳員。士店臣行、在畏憐敦仕單梨二街交角之處。○咸豐四年十一月十三日　謹白

未士士店臣啟船往新舊二金山帖

啟者、未士士店臣每月有好駛船二隻、前往新金山砵非臘、本月二船、一隻名

遐邇貫珍　三

利蘇爐順、船主名劉尼時、又一隻名利地希士、船主名吞希利、二隻現今俱在本港落貨、不日揚帆、未士士店臣每月又有船一只、前往舊金山正埠、本月之船名爐吉士、船主名德忝、如有貴客欲往舊金山正埠、或砵非臘者、請到未士士店臣處、先交定銀十員可也。○咸豐四年十一月十三日　謹白

航船班期是《遐邇貫珍》最大的刊出廣告客戶

《遐邇貫珍》既然是香港最早的中文報紙，其刊出之廣告，當然也是香港最早的中文報紙廣告。而同樣由西方傳教士創刊、在廣州印行而被視為是中國最早的中文報刊《東西洋考每月統記傳》，其內並沒有刊登廣告。換言之，《遐邇貫珍》便是中國第一張刊出廣告的中文報紙。

《遐邇貫珍》創刊之初，並無刊登廣告，原因是教會創辦《遐邇貫珍》「非欲藉此以邀利」，而是要傳播基督。但刊出的內容，並非以大篇幅文章來宣教，反以說理破迷信，傳新知識以啟愚昧，所取的是曲線傳教。至於資金來源，有「馬禮遜之教會及各國商人題助」，每期印三千，「或賣或送」。他們一心希望華民樂為購閱，而中國富豪亦「能如各國商人喜捐題助」。結果一年五個月過去，買者固少，「而樂助者終無一人」，令《遐邇貫珍》的編者大感失望，更大發牢騷說：「夫一書所值無幾，何必吝嗇而自甘寡聞」；「伏望中華諸君子，勿以孤陋自甘，勿以吝嗇是尚。」牢騷發過，資金還得想辦法。有進言招收廣告，「惟嫌體格不合，不便從命。」這只是欲拒還迎之說，只要稍為變換一下編排，便可招納廣告，「各商人如有欲出招帖者」，可至「英華書院黃亞勝處，彼可代印，便自為一冊，而附於《遐邇貫珍》之後」。也就是說，《遐邇貫珍》所有廣告，全部編排在最後，印成附冊。「如此則招帖可藉《遐邇貫珍》而傳矣！」

上文說到，廣告是由黃亞勝負責，這黃亞勝是何許人也？原來也是大有來頭的。

黃亞勝本名黃勝，字平甫，原籍廣東香山，一八二八年生於澳門。一八四一年入讀澳門馬禮遜紀念學校，同班同學有後來成為中國首位在美國大學畢業的留學生容閎，以及黃寬（中國第一位留學英國的醫科畢業生）、唐傑等。其後，他們隨着遷校而到香港，在摩理臣山的學校就讀。一八四七年一月，校長鮑留雲牧師（Rev. Samuel Brown）回美國，藉機帶同容閎、黃勝、黃寬赴美，並為三人籌得贊助，全資供他們留學美國。黃勝抵美後，在麻省孟松預科學校只讀了一年，便因水土不服，於一八四八年四月返回香港。幸好他馬上獲得曾贊助他學費的《德臣西報》（*China Mail*）老闆安德魯・蕭德銳（Andrew Shortrede）照顧，入職報社。一八五三年夏，《遐邇貫珍》創刊，急需有辦報經驗而又懂中英雙語的人才。黃勝與教會有很深的情緣，且已懂得編譯和印務，於是便加盟協助創刊工作（參考自李志剛著《基督教與香港早期社會》，香港：三聯書店，二零一二年，頁三五至三八）。

當時懂得英文的中國人不是很多，黃勝遂成炙手可熱的人才，以至香港法院願加四倍人工「挖角」，希望黃勝出任高等法院的翻譯。但黃勝感恩教會，不為所動。而黃勝對《遐邇貫珍》的出版，確是發揮了很大的作用。他既是編譯，又是校對，也要管印務，及至《遐邇貫珍》的資金出現緊絀，曾在《德臣西報》工作的黃勝，便提出效法西報，招登廣告，以增加收入，「非以求利，實為助每月印《遐邇貫珍》三千本之費用而已。」

《遐邇貫珍》於一八五四年第十二號刊出〈小記〉招登廣告。翌年第一號，即開始刊印廣告。《遐邇貫珍》於一八五六年五月終刊，但廣告則提前於一八五五年十二月號刊出最後一期，是為中文報紙刊登廣告嚆矢。

廣告雖與報道文稿不同，是付費刊出，儘管如此，也記錄了當年的事事物物。雖然說廣告用語或有誇張、失實之處，但如果經過分析、對比辨澄，去蕪存菁，可以探究出很可寶貴的資料來。何況《遐邇貫珍》內的廣告，多是平實之言。

作為自家人的英華書院，即在首次刊出廣告的一八五五年第一號，刊登招生的〈告帖〉。同年第五號，聖保羅書院也刊登〈招生徒告帖〉，藉此可以研究香港教育的黎明時分。其時，港英政府還沒有開展官立學校教育，西方教會顯然承擔了這項工作。他們辦的可說是義學，除學費全免外，即米飯亦由書院提供。教會學校的宗旨，首要傳教，但課程是中英並重，除由洋人教授英文和天文、地理、算學外，更請「唐人先生教讀四書五經」。這樣將西方學校課程教給華人子弟，當然優於中國的傳統書塾。但聖保羅書院的〈告帖〉卻指中國的書塾，「有從師七、八年或十餘年」，「即握管而欲作一信札、書一契劵，亦執筆塗字，茫然而莫得其所從來。十餘年用功，徒勞無益」，是完全低貶中國的書塾教育。雖然書塾教育沒有西方教育的地理、物理、數學等的實用學科，但本國語文的訓練，自有其獨特的成效，絕不會「十餘年用功」，也不能「作一信札」。從前書塾重背誦，常被嘲說：只背誦而不明解。今人亦多有持此見解。這是很大的偏見和誤解。更遠的不說，就以清末西學東漸的年代，由讀書塾出身而為文人、名士的不知凡幾，試翻清末組成的「南社」，社員絕大一部分是讀傳統書塾成長的。就以齊白石作例，他家貧僅讀得一年塾書，便去學木工，憑着幼時背誦記寫所得，繼續自學，廿多歲後，再得名師引導，後來終成一代大畫家，而且詩文俱佳。再舉秋瑾，隨兄讀私塾，復經父親指授章句，尚待字閨中，已下筆煙雲生麗藻，詩詞秀逸眾口傳。試問一紙書函又怎會難得到他們呢？再說抗日戰爭年代，因走難家貧而失學的人不在少數，僥倖者讀上一二年書塾，但他們後來已可閱報寫家書，這是筆者親見的父執輩。說了這一大堆話，用意是證明書塾對中國語文的教育是有其成效的，不可低貶。今天教育界仍有人持此偏見。若以上述念書塾兩三年便能寫信；聰明者還可以對句，較之今天中學生的語文水平，孰者優勝？自有定評。我們只能說書塾的課程過於偏窄，缺少實用學科，但仍應重新檢視背誦記寫的教學方法。

《遐邇貫珍》的廣告，以航船刊得最多，足證十九世紀海上交通正在蓬勃發展。這些航船廣告，載錄了香港與美國三藩市和澳大利亞之間的航運交通，有值得參考的價值。其中香港開往廣州、澳門的航班廣告，更是研究省港澳交通的貴重史料。

每期廣告之末，例載〈洋貨時價〉和〈本地貨時價〉以及銀與銅錢的兑換價，恰似今天的〈金融行情〉、〈股票行情〉報表。這些〈洋貨時價〉和〈本地貨時價〉詳載米糖油茶的產地和貨價，也就是當年的物價，是民生的菜籃子。這些物價資料，對研究香港的經濟和社會民生，有着非常重要的參考價值。

這些反映經濟、民生的〈洋貨時價〉和〈本地貨時價〉，在當時來說，也是很有用的資訊，甚受歡迎，所以當《遐邇貫珍》於一八五六年五月停刊之後，一八五七年十月一日創刊的英文日報《孖刺西報》（*The Hong Kong Daily Press*），很快就承其餘緒，隨報附送中文〈香港船頭貨價紙〉，刊載貨價行情。及至一八六零年代前期，更名為〈香港中外新報〉，加副標題：〈并附船頭貨價行情〉。有研究指創編〈香港中外新報〉的，正是黃勝。迨一八七零年代，《香港中外新報》以日報形式出版。

附在廣告後收入兩則啟事，驟看雖然不是以啟事名義標出，但從內容來看，是《遐邇貫珍》的公告啟事。其一是一八五四年八月號刊出的加價啟事；另一則題為〈《遐邇貫珍》告止序〉，刊於一八五六年第五號。《遐邇貫珍》何故停刊，從這則〈告止〉啟事可以找到其中因由，但是否如啟事所說那麼簡單，很值得研究。

《遐邇貫珍》小記

《遐邇貫珍》一書，自創造以來，至本月所刻之第十二號，兩歷歲終矣。下號是一千八百五十五年正月朔之第一號也。吾今竊有感焉，觀是書者，其監余言。

自《貫珍》之始創，至今十有七月矣，其首號之序，已歷陳造是書之由，非欲藉此以邀利也。蓋欲人人得究事物之巔末，而知其是非，並得識世事之變遷，而增其聞見，無非以為華夏格物致知之一助。若責以《貫珍》所載，間有未備，是則余智之所不逮，非余心之所不欲為也。夫以每月用上等紙料印《貫珍》三千，在香港或賣或送，并寄與省城、廈門、寧波、福州、上海等處，遂至內地異方，皆得傳視，以此揣之，豈無小耗資財而遂能是乎。今計每月所費，不下銀五十圓，所幸者有馬禮遜之教會及各國商人題助。余始意以為華民皆樂售[1]觀，而富豪者流或能如各國商人喜捐題助，將見集腋成裘，眾擎易舉，誠快事也！不謂遲至于今，售者固少，而樂助者終無一人。嗟嗟，是亦未之思耳。夫一書所值無幾，何必吝惜而自甘寡聞；一勺無傷于河，何不分之以成此美舉。誠使售者日多，富者樂助，則每月不第印三千本，即一萬本亦能為之有餘也！伏望中華諸君子，勿以孤陋自甘，勿以吝嗇是尚，則事物之巔末，世事之變遷，與及外國之道，山海之奇，無不展卷而在目矣。豈非格物致知之一助乎？已上所言，亦非妄說，如不以余言為鄙，即請從之，吾當求上帝默助，冀來年每號所出，卷內行數加密，使得多載故事，吾亦博採山川人物、鳥獸畫圖臚列於其內也。

1　售字一般作賣出解，但古義也有買的意思。

有友勸余將招帖印在《貫珍》中者，惟嫌體格不合，不便從命。但各商人如有欲出招帖者，可於下月携至英華書院印字館黃亞勝[2]處，彼可代印，使自為一冊，而附於《貫珍》之後，如此則招帖可藉《貫珍》而傳矣。西方之國，狃[3]賣招帖，商客及貿絲等皆藉此而白其貨物於眾，是以盡沾其益。苟中華能效此法，其獲益必矣。凡印招帖者，初次每五十字要銀半圓，再印者則半其初價，若五十以上，每字加一先士。

一八五五年一月一日 第一號

論《遐邇貫珍》表白事欵編

《遐邇貫珍》一書，每月以印三千本為額，其書皆在本港、省城、廈門、福州、寧波、上海等處徧售，間亦有深入內土，官民皆得披覽。若行商租船者等，得藉此書以表白事欵，較之徧貼街帖，傳聞更遠，則獲益良多。今於本月起，《遐邇貫珍》各號，將有數帙附之卷尾，以載招帖。諸君有意欲行此舉者，請每月將帖帶至阿理活街[4]英華書院之印字局，交黃亞勝手，便可照印。五十字以下，取銀半圓；五十字以上，每字取多一先士。一次之後，若帖再出，則取如上數之半，至所取之銀，非以求利，實為助每月印《遐邇貫珍》三千本之費用而已。

咸豐四（一八五四）年十一月十三日　謹白

（本廣告續刊於一八五五年第二至第五號）

英華書院告帖

本港英華書院，設立十有餘年矣。所收生徒，數近一百，有唐人先生教以五經四書；有英國先生教以上帝聖經，兼及英話，與夫天文地理算數等學，向來生徒不須修金，即米飯亦是本書院所出。唐人子弟，獲其益者誠多且大也。頻年每有豐裕之家，欲送其子姪入院習學，情愿補回米飯者，可想見書院之設，其有裨於唐人之後生小子者，確有實徵。揆之與人為善之初心，差堪少慰也。茲擬於乙卯（一八五五）年正月，新收門徒，故預為徧告，如有欲其子弟入院習學者，可及早來院面議可也。

耶穌降生一千八百五十五年正月初一日英華書院司事人理[5]謹白

（本廣告續刊於一八五五年第二號）

英華月份牌告帖

現在阿理活街英華書院之印字局，印就本年月份牌。此牌月日與唐英較對無訛，甚便省覺，每張紙取回工本錢一百文而已。

耶穌降生一千八百五十五年正月初一日英華書院印字局　謹白

火船往來省城澳門香港告帖

茲者，香港司東藩火船公局之管事或架啟白，自今年十月十二日起，每禮拜二、禮拜四、禮拜六有火船來往港省。禮拜二，由港往省，船經澳門必拋泊一刻，然後直往。禮拜六，由省來港，經澳亦然。因每欲船快行到埠，而湖水消長無時，故不能每日定實某時開行為例。本局所以于開行之先一日，或聲明于新聞紙內，或別用方法，以白其開行時候于眾。

2 黃亞勝即黃勝，詳見本章解題。
3 作習慣解。
4 英文 Hollywood Road 的音譯，現譯寫為荷李活道。而 Hollywood 本意是冬青樹，有說當年路上可能種有冬青樹而得名。
5 這是英華書院院長理雅各（James Legge）牧師的下款自稱。

搭客水脚銀，一照舊例，船面遮帳甚便搭客。

此船廣闊，能裝載粗重之貨，取銀亦極便宜，欲寄貨者，宜相面議。如有欲寄貨物，請火船暫泊金星門[6]上貨者亦可。

咸豐　甲寅（一八五四）十一月　十三日　謹白

（本廣告續刊於一八五五年第二至第七號）

火船晏告帖

茲有暗輪火船[7]名晏者，二百四十墩（噸）大，乃担保之人曾驗其堅固便捷無悮者也。自今年八月起，來往省城、黃埔[8]、澳門、金星門等處。茲擬定搭客水脚價銀臚列于後，以便客商知悉。

一、凡由港往澳，由澳來港，上等客艙收銀五圓；次等者收銀三圓。如客欲一禮拜內回埠，來往一次，限收上等客艙銀八圓；次等者六圓，有票執為記。

一、凡由港往省，由省來港，上等客艙者收銀八圓；次等者收銀六圓。如客欲一禮拜內回埠，來往一次，限收上等艙銀十二圓；次等者八圓，有票執為記。

已上上次兩等搭客，每位可帶從人一名，免其水脚，孩子十歲以下者，水脚如上數之半。如有搭船面者，只收銀一圓。

此船廣大，雖粗重之貨，亦可裝載，且能拖貨船出入，價銀亦甚便宜。欲請此船者，在省請至啡沙港或架處面議，在澳請至哪連穌處面議均可。

甲寅（一八五四年）十一月十三日　白

（本廣告續刊於一八五五年第二至第五號）

孖剌行船往舊金山帖

未士孖剌行現僱得三枝桅大洋船壹隻，船名「查化」，船主名羅必臣，裝載壹千八百餘墩（噸），不日前往舊金山正埠。斯船甚是堅固，有燕梳，在蘭頓[9]裝洋紗疋頭來黃埔，各貨並無水漬。又有兩層櫃面，明窓通氣，二層櫃內，有廁所兩間，利便人客。此船灣泊上環頗久，兩櫃艙位，業已租盡，所剩者，惟上等客艙數位。若有貴客欲親搭以自料理貨物，則此等艙位為當；抑或貴客有欲寄貨者，請開船一看，合意請到孖剌行面議，或在省城士吉行，或在中環維源店面議水脚亦可。

咸豐四（一八五四）年十一月初二日　謹啟

未士孖剌啟賃行帖

茲者，未士孖剌有行一間出賃。此行在大街士吉行左側，名都利里，即丹拿公司現住之行便是。其行係在海邊馬頭，水井、棧房、天台，一應俱全。如意者，請至未士孖剌行面議。

甲寅（一八五四）年十一月十三日　謹白

（本廣告續刊於一八五五年第二號）

6　今珠海唐家灣鎮對開有淇澳島，其灣稱金星灣，港口為金星門。當時歸屬香山縣，可停靠船隻。孫中山在香港讀書，由香港回翠亨村，也是乘船靠泊金星門，再轉陸路還鄉。

7　機動的輪船由初期設計輪車外露，發展到後來暗藏艙內，所以稱「暗輪火船」。

8　廣州對外供停泊的口岸，處在珠江下游。

9　蘭頓疑即倫敦。

未士士店臣啟承買賣帖

茲有未士士店臣承代諸客買賣本地或洋貨，兼有棧房代貯貨物，價甚便宜。其棧房用石起成，不妨火災。如有省城、廈門、上海、寧波貴客，欲請代買賣貨物者，可達之以本地唐文。若棉花、茶、米、糖等，每壹百圓扣用銀壹圓，若買賣船隻，每百圓扣用銀貳圓半，其餘貨物，每百圓扣貳圓。士店臣行在畏憐敦仕單梨[10]二街交角之處。

咸豐四（一八五四）年十一月十三日　謹白

（本廣告由一八五五年一月至十二月作全年刊出）

未士士店臣啟船往新舊二金山帖

啟者，未士士店臣每月有好駛船二隻，前往新金山砵非臘。本月二船，一隻名「利蘇爐順」，船主名劉尼時；又一隻名「利地希士」，船主名吞希利。二隻現今俱在本港落貨，不日揚帆。未士士店臣每月又有船一隻，前往舊金山正埠。本月之船名「爐吉士」，船主名德杰。如有貴客欲往舊金山正埠或砵非臘者，請到未士士店臣處，先交定銀十圓，可也。

咸豐四（一八五四）年十一月十三日　謹白

香港十一月初七日市紙

洋貨時價	本地貨時價
孟買棉花，每擔價銀九圓正。 家吉打[11]棉花，每擔價銀九圓或至九圓零二十五先士。 爬釐[12]米，每擔價銀一圓九十五先士。	黑茶[17]，每擔價銀十八圓或至二十五圓。 廈門茶[18]，十斤箱，每箱價銀二圓半。 省城青茶[19]，蘇珠、大珠二樣，每擔價銀二十六圓正。雨前[20]十斤箱，每擔價銀二十圓正。

呂宋[13]米，無到。
亞拉根[14]或新家波[15]米，每擔價銀一圓七十先士或至一圓九十先士。
硝，每擔價銀十八圓正。
班也[16]沙籐，價銀三圓五十先士。
新家波沙籐，價銀二圓八十先士。
檳榔，無到。
黑胡椒，每擔價銀七圓正。
白胡椒，每擔價銀十四圓正。

上白沙糖，每擔價銀五圓正。
二白沙糖，每擔價銀四圓四十先士。
占白沙糖，每擔價銀三圓六十先士。
結糖，每擔二圓八十先士或至三圓。
上白米，每包五十斤，價銀三圓四十五先士。
白礬，無到。
樟腦，每擔價銀十三圓正。
油，每擔價銀六圓，用埕載。無埕，減半圓。
銀，每圓找錢一千四百五十文。

香港並無關稅輸納

10 畏憐敦是今日的威靈頓；仕單梨即今天的士丹利。
11 家吉打疑是加爾各答。
12 爬釐疑即印尼的巴里，或寫作峇里。
13 菲律賓呂宋島，一般指馬尼拉及其附近一帶地區。
14 亞拉根又作亞喇甘、亞蜡敢、即緬甸西部的阿拉干（Arakan）。
15 即新加坡。
16 班也待考。
17 黑茶是 Black Tea 的直譯，按即紅茶。
18 廈門茶不是指廈門出產的茶，應是指產自福建各縣的茶。日人松浦章則說是烏龍茶。
19 青茶即綠茶。
20 綠茶收摘於清明雨前最佳，尤其是龍井茶。全稱是雨前龍井。

一八五五年二月一日 第二號

未士士店臣啟船往新舊二金山帖

啟者，未士士店臣每月有好駛船二隻，前往新金山砵非臘。本月二船，一隻名「結胡巴」，船主名卒臣；又一隻名「哈必利」，船主名加利。二隻現今俱在本港落貨，不日揚帆。未士士店臣每月又有船一隻，前往舊金山正埠。如有貴客欲往舊金山正埠或砵非臘者，請到未士士店臣處，先交定銀十圓，可也。

咸豐四（一八五四）年十二月十五日　謹白

孖剌行船往舊金山帖

未士孖剌現僱得堅固花旗三枝桅船壹隻，船名「以禮查衣倫」，船主名拜禮文，準於本月下旬前往舊金山正埠。又有花旗船一隻，船名「孖時地士」，船主名羅乎，準於來年正月初十日開行，如有搭客搭貨者，請與未士孖剌行面議。

咸豐四（一八五四）年十二月十五日　謹白

香港十二月初七日市紙

洋貨時價	本地貨時價
孟買棉花，每擔價銀九圓半或至十圓。	黑茶，真好工夫，每擔價銀二十二圓正。
家吉打棉花，每擔價銀九圓或至九圓半。	廈門茶，每擔價銀十二圓或至十八圓。
爬鼇米，每擔價銀二圓二十先士。	省城青茶，每一斤罐，價銀二十四先士。
呂宋米，價銀二圓或二圓四十先士。	上白沙糖，每擔價銀五圓五十先士。
亞拉根或新家波米，每擔價銀一圓八十五先士	二白沙糖，每擔價銀四圓四十先士。

或至二圓二十先士。
硝，每擔價銀二十二圓正。
班也沙籐，價銀三圓二十五先士。
新家波沙籐，價銀二圓七十五先士。
檳榔，無到。
黑胡椒，每擔價銀七圓七十五先士或至八圓。
白胡椒，每擔價銀十二圓正。
尖白沙糖，每擔價銀三圓五十五先士。
結糖，每擔二圓八十先士。
上白米，每包五十斤，價銀三圓五十先士。
白礬，無到。
樟腦，每擔價銀十三圓正。
油，每擔價銀五圓七十五先士，用埕載。無埕，減半圓。
銀，每圓找錢一千四百三十文。

香港並無關稅輸納

一八五五年三月一日　第三號

未士士店臣啟船往新舊二金山帖

啟者，未士士店臣每月有好駛船，前往新金山砵非臘。本月之船係用花旗船，可載一千墩（噸），船名「回士列」，船主名波倫。現今在本港落貨，不日揚帆。未士士店臣每月又有船一隻前往舊金山正埠。本月之船，亦係花旗船，船名「巴烈云」，船主名晏多呢。如有貴客欲往舊金山正埠或砵非臘者，請到未士士店臣處，先交定銀十圓，可也。

咸豐五（一八五五）年正月十三日　謹白

孖刺行船往新舊二金山帖

未士孖刺現有油木船名「夏施微」，船主名羅士，準于二月初一日開行，前往砵非臘新金山。此船經保家相驗，取列頭號，歷歲載客往來英國與澳大利亞，可載六百四十墩（噸）。茲所搭客之數，將不過三百五十人。

又有花旗新船一隻，名「士丁里」，船主名吉巴，于二月初十左右，將開行前往舊金山正埠。此船或搭客或載貨甚適其宜。現今客數，將不過二百。此船甚是快行，前回在金山載有多客返回唐山，費日甚少，到埠時，眾客感激船主周旋之德，因送以絲旗一面，以誌不忘。如有搭客搭貨者，請與未士孖剌行面議。

咸豐五（一八五五）年正月十三日　謹白

米也濕化招人承租金山船帖

茲者咪也濕化公司，有英國洋船三隻，名「蘭爾」、「以利沙伯」、「富咯非吐」，召人承租，載貨與客前往新舊二金山。其船堅固無虞，貴客欲租此船者，請與咪也濕化公司面議。

乙卯（一八五五）年正月初八日　白

香港正月初八日市紙

洋貨時價	本地貨時價
孟買棉花，每擔價銀十圓半或至十二圓。	黑茶，無賣。
家吉打棉花，每擔價銀十圓或至十一圓半。	廈門茶，每擔價銀十圓或至十四圓。
爬鼇米，每擔價銀二圓三十或至四十先士。	省城青茶，每一斤罐，價銀二十四先士。
呂宋米，價銀二圓三十五先士。	上白沙糖，每擔價銀五圓廿五先士。
亞拉根或新家波米，每擔價銀二圓二十先士。	二白沙糖，每擔價銀四圓六十先士。
硝，每擔價銀十三圓正。	尖白沙糖，每擔價銀三圓六十先士。

班也沙籐，價銀三圓。
新家波沙籐，價銀二圓六十先士。
檳榔，無賣。
黑胡椒，每擔價銀八圓。
白胡椒，每擔價銀十三圓正。
結糖，每擔二圓八十先士。
上白米，每包五十斤，價銀三圓五十五先士。
白礬，無到，而人多尋買。
樟腦，每擔價銀十三圓正。
油，每擔價銀八圓，用埕載。無埕，減半圓。
銀，每圓找錢一千四百二十文。

香港並無關稅輸納

一八五五年四月一日 第四號

未士士店臣啟船往新舊二金山帖

啟者，未士士店臣每月有好駛船，前往新金山砵非臘。本月之船有二，名「坭里」，船主名纜些，一名「亞華頓」，船主名紀勒信，不日揚帆。未士士店臣每月又有船前往舊金山正埠，本月之船有二，一名「士店把云」，船主名晏多尼，一名「山約瑟」，船主名家基羅。如有貴客欲往舊金山正埠或砵非臘者，請到未士士店臣處，先交定銀十圓，可也。

咸豐五（一八五五）年弍月十六日　謹白

孖刺行啟船往舊金山上海帖

未士孖刺現有快行花旗新船一隻，船名「士丁里」，船主名吉巴，不日開行，前往舊金山正埠，些少貨物尚可裝載。此船去後，另有一隻第一號洋船，繼往該埠，現今在黃埔修補。所陞之國旗，非屬俄、英、佛相戰之國[21]，且於舊金山正埠所納之關稅甚平。

未士孖剌又啟，現有二桅半荷蘭新船一隻，不日在上海到港。到後，不日回頭，船名「以美里」，船主名麥吉。如有搭客搭貨者，請至未士孖剌行面議。

咸豐五（一八五五）年二月初十日　謹白

尋書賞帖

年半巳前，在本港有花旗國人失去書一本，係在本國用英字刷印者，書邊三面，用金鑲飾，外有厚黑皮篋以藏之，揭開左便書皮，陽板中，即有英字筆跡。未知有人抹去否，書背後有 **prayer** 數金字橫列為號。此書原值價銀三圓左右，今失主獨以故物為重，錢財為輕，倘有人幸而得之，交到未士地思鼇化行者，即酬謝花紅銀十大圓，決不食言。

咸豐五（一八五五）年二月初九日　白

招人批地啟帖

茲有重地數段，坐落敦和街西邊，維源、興來等店後便，即今興泰行前海傍一帶地方，欲批與人起造，批期任議，或五年、七年、十年、廿年、或廿年以外。現議于本年英六月中旬後，將興泰行拆毀，即將舊料在彼處開投，將該行位改圖起建本地行，以便本地人買賣。此數段地，倘不能早日批妥，即于英六月中旬後開投。貴客欲觀其地之形圖闊大，並各詳細之處，請至中環市口，昭隆銀店黃順便知。

乙卯（一八五五）年二月初十日預啟。

或問大館前同盛木店，或問盧景亦可。

大憲禁中天花痘示

經歷司麥示，近日本港寓居華民，多有痘症斃命者，聞係不用牛漿，別用吹種天花之法所致。此實干犯例禁，此後港內居民，如有吹種天花者，即按條例治以應得之罪。倘有欲種牛痘者，仍令赴官醫生局傳種。除經詳禀副憲准行外，合亟出示諭，仰合港商民人等一體遵照，無蹈前轍，本司實所厚望焉，毋違特示。

乙卯（一八五五）年正月初十日　白

右示所言近日痘症流行，多由偽醫妄行種天花痘之弊，其說良真。但余竊思本港民居，每于門前左右，堆積糞穢，童子每觸其氣色，最易起病。故官員曾經示禁，不謂仍舊不悛，計自正旦至今，尚罰人約有一百名，誠為可怪。奉勸港內眾人，嗣後各須潔淨為要，則上可免憲罰，下亦可保安康，豈不懿哉。

香港弍月初九日市紙

洋貨時價	本地貨時價
孟買棉花，每擔價銀十圓半或至十二圓。	黑茶，無賣。
家吉打棉花，每擔價銀十圓或至十一圓半。	廈門茶，每擔價銀十四圓或至十八圓。
爬鼇米，每擔價銀二圓八十先士或至三圓。	省城青茶，每一斤罐，價銀二十四先士。
呂宋米，價銀二圓八十五先士或至三圓二十先士。	上白沙糖，每擔價銀五圓廿五先士。
	二白沙糖，每擔價銀四圓六十先士。

21 一八五三年俄國與土耳其發生紛爭，土耳其對俄宣戰。翌年，英、法兩國和土耳其結盟，同向俄開戰，在克里米亞半島激戰兩年多至一八五六年三月三十日，交戰國在巴黎簽訂和約。在戰事期間，為免捲入漩渦，非交戰國便掛起自己國家的國旗，強調本身船隻的中立國地位。

亞拉根或新家波米，每擔價銀二圓七十先士。
硝，每擔價銀十二圓正。
班也沙籐，價銀三圓。
新家波沙籐，價銀二圓六十先士。
檳榔，無賣。
黑胡椒，每擔價銀八圓。
白胡椒，每擔價銀十四圓正。

尖白沙糖，每擔價銀三圓六十先士。
結糖，每擔二圓八十先士或至三圓。
上白米，每包五十斤，價銀四圓二十先士。
白礬，無到，而人多尋買。
樟腦，每擔價銀十三圓正，多人買。
油，每擔價銀六圓，用埕載。無埕，減半圓。
銀，每圓找錢一千四百二十文。

香港並無關稅輸納

一八五五年五月一日　第五號

未士孖剌往砵非立告帖

未士孖剌現有第一號洋船，不日前往新金山砵非立，船名「殿剌不蘭哥」，船主名麥感麥。此船約載一千墩（噸），而搭客將不過四百五十名。每客艙位，有二尺闊，行李等物別藏一房。所有出洋之客船，從未有如「殿剌不蘭哥」之便利通爽者也。現今泊於西炮台水面，後桅上陞三色旗一面。貴客欲搭者，親自看驗可也。

乙卯（一八五五）年三月十六日　謹白

聖保羅書院招生徒告帖

俗學之誤人甚矣！嘗見有從師七八年或十餘年，所說者講章，所課者文藝，平日聆其誦讀，琅琅不絕於耳。師對東家稱說，亦云學有進益。月異而歲不同，一旦改業，而或為賈客，或為遠商，或為農工而操作，則算學不明，物情不曉，地理不熟，即握管而欲作一信札，書一契券，亦執筆望字，茫然而莫得其所從來。十餘年用功，徒勞無益，若此可慨也夫。諺語云：讀書讀笨人，良有以也。我香港聖保羅書院，設立久矣，有唐人先生教讀四書五經；有英國先生兼及英文，而尤重者，在於天文地理算學，一一皆切要之務。其視俗學之無實誤人，孰得孰失，何去何從，必有能辨之者矣。況旦夕之間，談經講道，又有以啟善心，修善果，而種福田於無窮哉。向例來學，不須脩脯，并供飯食，今則信從者眾，有自攜資斧而來者。

乙卯年三月十六日，香港中環船頭官上聖保羅書院　監司宋美啟[22]

（本廣告續刊於一八五五年第六、第七號）

士栢間頓兩隻火輪船告帖

啟者，有火輪船二隻，一名「士栢」，一名「間頓」，輪流在省城澳門往來。唐人欲搭，隨到便得。此船向來規矩，所有水脚銀専設掌櫃一人，並無別人收得，如各客交銀之時，祈尋着掌櫃交他，便無錯亂。再各客所攜行李什物，千祈自己照理，因人多物雜之際，恐忙亂遺失，或間有唐番水手人等藏埋，或假托代尋，借此索賫等事，宜即告之船主判斷搜尋可也。

乙卯（一八五五）年三月十六日　謹白

（本廣告續刊於一八五五年第六至第十二號）

22　據李志剛牧師的考證，宋美即聖公會第一任主教史密夫牧師（Rt. Rev. George Smith），參見李志剛著《基督教與香港早期社會》，香港：三聯書店，二零一二年，頁五一。

香港三月初十日市紙

洋貨時價

孟買棉花，每擔價銀九圓半或至十圓，少人買。

家吉打棉花，每擔價銀九圓半或至十圓半，少人買。

爬鼇米，每擔價銀四圓二十先士。

呂宋米，價銀四圓三十先士。

亞拉根或新家波米，每擔價銀四圓或至四圓二十先士。

硝，每擔價銀九圓正。

班也沙籐，價銀三圓。

新家波沙籐，價銀二圓七十五先士。

檳榔，無賣。

黑胡椒，每擔價銀八圓。

白胡椒，每擔價銀十四圓正。

本地貨時價

黑茶，每擔價銀十八兩或至廿二兩。

廈門茶，每擔價銀十二圓。

省城青茶，每一斤罐，價銀二十八先士。

上白沙糖，每擔價銀五圓五十先士。

二白沙糖，每擔價銀四圓九十先士。

尖白沙糖，每擔價銀三圓六十先士。

上海結糖，每擔二圓八十先士。

上白米，無賣。

白礬，每擔二圓。

樟腦，每擔價銀十二圓或至十三圓。

油，每擔價銀六圓，用埕載。無埕，減半圓。

銀，每圓找錢一千四百二十文。

香港並無關稅輸納

何羅威膏藥藥丸告帖

啟者，大英何羅威自製膏藥藥丸，馳名天下。其膏藥有利於諸般外科者，如傷痕、火瘍、疔瘡、脚風、痔瘡、與一切無名腫毒等症，莫不取效如神。凡世間之所矜為家傳秘方，與及異人傳授者，非不有利于人，然無有如何羅威膏藥之神效者也。自行世以來，奏效不一，難以縷述，茲特擇其一節言之。昔在大英京都，有一平民，左臂生有癰疽十三，曾于三處醫院就醫，竟不見效。諸醫士計窮法盡，祗云：惟有割去其臂，以保生命云云。其人正在躊躇，忽一醫士在傍告曰，子之臂我等實無法可施，獨有何羅威膏藥，甚是神效，子盍[23]試之。于是其人往購膏丸，如法服用，僅二十有一日，而臂已全愈矣。此是實事，可為其妙藥之據。至其藥丸，有利于內外科者，如諸般瘧病、欬嗽、黃瘴、氣滯、二便不通、痞塊、淫疾等症，若服此丸，皆可見效。其膏丸二藥，數十年來，已于諸國發賣，邇來亦有帶到華夏，諸君不妨買便，藏置家中，以備不時之用。如有欲購者，可到香港中環怡南店，或到省德興街口安記店便售。

咸豐四（一八五四）年四月十七日　白

（本廣告續刊於一八五五年七月號至十二月號）

23　盍，作何不解。

香港四月十一日市紙

洋貨時價	本地貨時價
孟買棉花，每擔價銀十圓或至十圓半，少人買。	黑茶，每擔價銀十八兩或至廿二兩。
家吉打棉花，每擔價銀十圓半或至十一圓，少人買。	廈門茶，每擔價銀十二圓。
爬鼇米，每擔價銀三圓一十先士。	省城青茶，每一斤罐，價銀二十八先士。
呂宋米，價銀三圓二十先士。	上白沙糖，每擔價銀五圓五十先士。
亞拉根或新家波米，每擔價銀三圓。	二白沙糖，每擔價銀四圓九十先士。
硝，每擔價銀七圓半。	尖白沙糖，每擔價銀三圓六十先士。
班也沙籐，價銀三圓一十先士。	上海結糖，每擔二圓九十先士。
新家波沙籐，價銀二圓七十五先士。	上白米，無到。
檳榔，無賣。	白礬，每擔二圓四十先士。
黑胡椒，每擔價銀八圓。	樟腦，每擔價銀十二圓或至十三圓。
白胡椒，每擔價銀十四圓正。	油，每擔價銀六圓半，用埕載。無埕，減半圓。
	銀，每圓找錢一千四百二十文。

香港並無關稅輸納

一八五五年七月一日　第七號

牙醫啟帖

茲者，牙醫爹非士先生或治牙痛，或去牙烏，填實空牙，保存腐牙，自換新牙，一一妙手。

現寓士丹厘街蝦倫醫館隔壁班拿行處。諸君光顧，請移玉至彼，是幸。

乙卯（一八五五）年五月十二日　謹白

（本廣告續刊於一八五五年八月號至十二月號）

香港五月十四日市紙

洋貨時價

孟買棉花，每擔價銀十圓半或至十一圓，少人買。

家吉打棉花，每擔價銀十一圓或至十一圓半，少人買。

爬鼇米，每擔價銀二圓三十先士。

呂宋米，價銀二圓三十五先士。

亞拉根或新家波米，每擔價銀二圓一十先士。

硝，每擔價銀六圓二十五先士。

班也沙籐，價銀三圓二十先士。

新家波沙籐，價銀二圓九十先士。

檳榔，無賣。

黑胡椒，每擔價銀八圓。

白胡椒，每擔價銀十四圓正。

本地貨時價

黑茶，每擔價銀十八兩或至廿二兩。

廈門茶，每擔價銀十二圓。

省城青茶，每一斤罐，價銀二十五先士。

上白沙糖，每擔價銀五圓二十五先士。

二白沙糖，每擔價銀四圓七十五先士。

尖白沙糖，每擔價銀三圓二十先士。

上海結糖，每擔二圓六十先士。

上白米，每包三圓三十五先士。

白礬，每擔二圓四十先士。

樟腦，每擔價銀十二圓或至十三圓。

油，每擔價銀六圓半，用埕載。無埕，減半圓。

銀，每圓找錢一千四百六十文。

香港並無關稅輸納

未士士店臣啟船往砵非立帖

茲者，未士士店臣有堅固洋船，准于英八月前往新金山砵非立埠。船名「亞尼」，船主名刼士。諸君欲搭者，請至未士士店臣處面議可也。

乙卯（一八五五）年六月十七日 啟

香港六月十五日市紙

洋貨時價

孟買棉花，每擔價銀九圓半或至十圓半。
家吉打棉花，每擔價銀九圓或至十圓。
爬鼇米，每擔價銀一圓八十先士。
呂宋米，價銀一圓八十五先士或至二圓。
亞拉根或新家波米，每擔價銀一圓六十先士。
硝，每擔價銀六圓五十先士。
班也沙籐，價銀三圓二十先士。
新家波沙籐，價銀二圓八十先士。
檳榔，無賣。
黑胡椒，每擔價銀八圓五十先士。
白胡椒，每擔價銀十三圓正。

本地貨時價

黑茶，每擔價銀十八兩或至廿二兩，比前月多人買。
廈門茶，每擔價銀十圓。
省城青茶，每一斤罐，價銀十四先士或至十六先士。
上白沙糖，每擔價銀五圓。
二白沙糖，每擔價銀四圓五十先士。
尖白沙糖，每擔價銀四圓。
上海結糖，每擔二圓六十七先士半。
上白米，每擔三圓六十先士，用包裝，每包五十磅。
白礬，每擔二圓。
樟腦，每擔價銀十三圓。
油，每擔價銀六圓半，用埕載。無埕，減半圓。
銀，每圓找錢一千四百四十文。

香港並無關稅輸納

一八五五年九月一日 第九號

未士士店臣啟船往舊金山帖

茲者，未士士店臣有花旗堅固洋船，准于英九月二十八日前往舊金山正埠。船名「始士波羅」，船主名屈。諸君欲搭客搭貨者，請至未士士店臣處面議可也。

乙卯（一八五五）年七月二十日 啟

英華書院收學生帖

英華書院來歷，本年第一號《遐邇貫珍》已畧言之。今于英之八月末日，即唐之七月十九日放館，至英之十月初一日，即唐之八月二十一日再開。凡有父兄欲送其子弟來學者，請移玉至本書院與理先生面議。

英九月初一日啟

（本廣告續刊於一八五五年十月號）

香港七月十五日市紙

洋貨時價	本地貨時價
孟買棉花，每擔價銀十圓半或至十一圓。	黑茶，每擔價銀十四兩或至廿八兩。
家吉打棉花，每擔價銀十圓或至十一圓。	廈門茶，每擔價銀十四兩。
爬鼇米，每擔價銀一圓八十先士或至二圓。	青茶、麻珠、大珠兩種，每擔價銀十六兩。
呂宋米，價銀一圓八十五先士或至二圓一十先士。	上白沙糖，每擔價銀七圓。
亞拉根或新家波米，每擔價銀一圓六十先士。	二白沙糖，每擔價銀五圓九十先士。
	尖白沙糖，每擔價銀五圓五十先士。

硝，每擔價銀七圓。
班也沙籐，價銀三圓二十先士。
新家波沙籐，價銀二圓九十先士或至二圓九十五先士。
檳榔，每擔銀二圓七十五先士或至三圓。
黑胡椒，每擔價銀七圓半。
白胡椒，每擔價銀十一圓正。
上海結糖，每擔三圓或至三圓一十先士。
上白米，每擔三圓六十先士，用包裝，每包五十磅。
白礬，每擔二圓。
樟腦，每擔價銀十三圓。
油，每擔價銀七圓，用埕載。無埕，減半圓。
銀，每圓找錢一千四百四十文。

香港並無關稅輸納

一八五五年十月一日　第十號

未士士店臣啟船往新舊二金山帖

茲者，未士士店臣有快行洋船，准于英十月十六日前往舊金山正埠。船名「產咽威利士」，船主名活。又有快行洋船一隻，欲于下月十五日前往新金山亞地列、砵非立二埠，船名「蘭士頓」，船主名別地。諸君欲搭客搭貨者，請至未士士店臣處面議可也。

乙卯（一八五五）年八月十九日　啟

香港八月二十日市紙

洋貨時價

孟買棉花，每擔價銀十圓半或至十一圓。

家吉打棉花，每擔價銀十圓或至十一圓。

爬鼇米，每擔價銀一圓四十先士。

呂宋米，價銀一圓七十先士。

亞拉根或新家波米，每擔價銀一圓一十先士。

硝，每擔價銀七圓。

班也沙籐，價銀三圓五十先士或至三圓八十先士。

新家波沙籐，價銀三圓。

檳榔，每擔銀二圓七十五先士或至三圓。

黑胡椒，每擔價銀八圓半。

白胡椒，每擔價銀十三圓正。

本地貨時價

黑茶，每擔價銀十四兩或至廿八兩。

廈門茶，每擔價銀十二兩。

青茶、麻珠、大珠兩種，每擔價銀十八兩。

上白沙糖，每擔價銀六圓半五十先士。

二白沙糖，每擔價銀五圓六十先士。

尖白沙糖，每擔價銀五圓。

上海結糖，每擔三圓或至三圓一十先士。

上白米，每擔三圓六十先士，用包裝，每包五十磅。

白礬，每擔二圓。

樟腦，每擔價銀十三圓。

油，每擔價銀八圓，用埕載。無埕，減半圓。

銀，每圓找錢一千四百四十文。

香港並無關稅輸納

一八五五年十一月一日　第十一號

孖剌船往新舊二金山帖

啟者，茲有第一號快行花旗洋船一隻，名曰「撒母耳威辣士」，船主名士蔽沙，准于英十一月望日左右，開行前往新金山亞地列與砵非立二埠。現泊于香港水面，搭貨搭客皆可。夫新金山之南地，分亞地列、砵非立二省，地界隔壤，二埠相離，止數日水程耳。亞地列邑先乎砵非立而建，其地多產黃白二金，即黃銅亦有。居民多請人顧（僱）工，向來無禁唐客之例。痲拉辣金坑界在亞地列與砵非立之中，由亞地列往坑與由砵非立往，路程不相上下。

再者，砵非立所立之新例，大抵船到亞地列時，定必收回又或減少搭客，若欲到砵非立，可將例銀交與船主，船主定必載往，斷不再取水脚也。至所搭之貨或起上亞地列亦可，或起上砵非立亦可，俱隨搭者之意。如有欲搭貨搭客者，請至孖剌行面議。在省則在亞旦士吉行亦可。

孖剌公司再啟，茲有第一號快行花旗洋船一隻，名曰「六區」，船主名在士，現在香港海面落貨，准于英十二月中旬開行前往舊金山正埠。如有欲搭貨者，早日來議，則貨脚便宜。

咸豐五（一八五五）年九月二十日　啟

未士士店臣啟船往新舊二金山帖

茲者，未士士店臣有花旗快行洋船一隻，一千墩（噸）大，准于三個禮拜內前往舊金山正埠。船名「依連火士打」，船主名士括打。又有快行洋船一隻，欲于下月十五日前往新金山亞地列、砵非立二埠。船名「闌士頓」，船主名別地。諸君欲搭客搭貨者，請至未士士店臣處面議可也。

乙卯年（一八五五）九月廿二日　啟

香港九月十九日市紙

洋貨時價

孟買棉花，每擔價銀十圓或至十圓半。
家吉打棉花，每擔價銀十圓半。
爬鼈米，每擔價銀一圓四十先士。
呂宋米，價銀一圓七十先士。
亞拉根或新家波米，每擔價銀一圓一十先士。
硝，每擔價銀七圓。
班也沙籐，價銀三圓半。
新家波沙籐，價銀三圓。
檳榔，每擔銀二圓七十五先士或至三圓。
黑胡椒，每擔價銀八圓半。
白胡椒，每擔價銀十三圓正。

本地貨時價

黑茶，每擔價銀十四兩或至廿八兩。
廈門茶，每擔價銀十二兩或至十五兩。
青茶，麻珠、大珠兩種，每擔價銀十八兩。
上白沙糖，每擔價銀六圓。
二白沙糖，每擔價銀五圓四十先士。
尖白沙糖，每擔價銀四圓七十五先士。
上海結糖，每擔三圓四十先士或至三圓五十先士。
上白米，每擔三圓一十先士，用包裝，每包五十磅。
白礬，每擔一圓五十先士。
樟腦，每擔價銀十三圓。
油，每擔價銀七圓二十五先士，用埕載。無埕，減半圓。
銀，每圓找錢一千四百四十文。

香港並無關稅輸納

孖剌船往新舊二金山帖

啟者，茲有第一號快行花旗洋船一隻，名曰「撒母耳威辣士」，船主名士蔽沙，不日開行前往新金山亞地列與砵非立二埠，現泊于香港水面，搭貨搭客皆可。此船去後，再有第二隻繼行。

夫新金山之南地，分亞地列、砵非立二省，地界隔壤，二埠相離，止數日水程耳。亞地列邑先乎砵非立而建，其地多產黃白二金，即黃銅亦有。居民多請人顧工，向來無禁唐客之例。麻拉辣金坑界在亞地列與砵非立之中，由亞地列往坑與由砵非立往，路程不相上下。

再者，砵非立所立之新例，大抵船到亞地列時，定必收回又或減少搭客。若欲到砵非立，可將例銀交與船主，船主定必載往，斷不再取水脚也。至所搭之貨，或起上亞地列亦可，或起上砵非立亦可，俱隨搭者之意。如有欲搭貨搭客者，請至孖剌行面議。在省則在亞旦士吉行亦可。

孖剌公司再啟，茲有第一號快行花旗洋船一隻，名曰「六區」，船主名在士，現在香港海面落貨，准于英十二月中果必開行前往舊金山正埠。如有欲搭貨者，早日來議，則貨脚便宜。

咸豐五（一八五五）年十月二十日　啟

香港十月十九日市紙

洋貨時價	本地貨時價
孟買棉花，每擔價銀十一圓十二先士。	黑茶，每擔價銀十二兩或至十六兩。
家吉打棉花，每擔價銀十圓十一先士。	廈門茶，每擔價銀十一兩或至十五兩。
爬鼇米，每擔價銀二圓。	青茶，每擔價銀十八兩或至二十兩。
呂宋米，價銀二圓五個先士。	上白沙糖，每擔價銀五圓五十五先士。
亞拉根或新家波米，每擔價銀一圓六十五先士。	二白沙糖，每擔價銀五圓三十先士。
硝，每擔價銀七圓。	尖白沙糖，每擔價銀五圓。
班也沙籐，價銀四圓。	上海結糖，每擔三圓二十五先士或至四十先士。
新家波沙籐，價銀三圓七十五先士。	上白米，每擔二圓，用包裝，每包五十磅。
檳榔，無到。	白礬，每擔一圓七十五先士。
黑胡椒，每擔價銀八圓二十五先士。	樟腦，每擔價銀十三圓。
白胡椒，每擔價銀十三圓正。	油，每擔價銀七圓半，用埕載。無埕，減半圓。
	銀，每圓找錢一千四百四十文。

香港並無關稅輸納

一八五四年八月一日　第八號

本館輯刊《貫珍》一書，自上年八月起，至茲月已周一載。印造流布，每月遠近多有購閱者，初擬紙墨之費，每卷收錢幾文，不過畧為收回些小費用。因此篇之刻，始係西邦客商捐欵支用，其意欲此篇傳播已遙，流通日廣，中土人必有自為之者，理應增收若干，收價已足印書之費，則無庸該客商長遠捐銀為之。是以茲已增價，每卷收回紙筆銀一分五厘，或錢三十文，或先士二個[24]。

一八五六年五月一日 第四、五號（合刊）

《遐邇貫珍》告止序[25]

《遐邇貫珍》一書，自刊行以來，將及三載，每月刊刷三千本，遠行各省，故上自督撫以及文武員弁，下遞工商士庶，靡不樂于披覽。然刊之者，原非為名利起見，不過欲使讀是書者，雖不出戶庭，而于天地之故，萬物之情，皆得顯然呈露于心目。刊傳以來，讀者開卷獲益，諒亦不乏人矣。故西方諸國，每月刊佈者，不下千百餘家，意在斯乎。茲者，本港《貫珍》，擬于是號告止。嘆三載之搜羅，竟一朝而廢弛，自問殊深抱恨，同儕亦動咨嗟，然究其告止之由，非因刊刷乏資，蓋華民購閱是書，固甚吝惜，即不吝惜，而所得終屬無多，惟賴英花二國同人，啟囊樂助，每月準足支應而有餘。特因辦理之人，事務紛繁，不暇旁及此舉耳。至前所刊佈者，共得三十三號，願諸君珍而存之，或者中邦人士，有志踵行，則各省事故，尺幅可通，即中外物情，皆歸統貫，是所厚望也。

---

24 《遐邇貫珍》自創刊號起至一八五三年十月第三號止，均在其封面印有：「每號收回紙墨錢十五文」。接着的刊號再沒有標示。這則加價啟事，指明「每卷收回紙墨銀一分五厘，或錢三十文。」即較前加價一倍。

25 這則〈《遐邇貫珍》告止序〉的啟事，刊印在一八五六年五月一日第五號的目錄之後，字體較大，佔了半版，以收矚目的效果。

附錄

附錄一、《遐邇貫珍》深受日本珍視的考察

英華書院從馬六甲遷校來港，成為香港開埠最早三間西方學校的其中一所，中途雖曾停辦，但再重開，繼續作育英才，化雨春風又百餘年。

當年辦學的傳教士，不忘出版刊物，傳播基督，推介西方科技新知，編輯《遐邇貫珍》中文月刊，由香港英華書院印行。《遐邇貫珍》的面世，不但成為香港最早的中文報刊，同時也是中國第二早的中文期刊，這就使英華書院因有《遐邇貫珍》而名播遐邇。同時，由於《遐邇貫珍》緊密地報道了培理率領美國遠東艦隊赴日叩關，而被日本史學界稱之為「黑船事件」的重大史事，加上羅森寫的〈日本日記〉，就更使《遐邇貫珍》聲價百倍。

日本自幕末開始，就爭讀《遐邇貫珍》，在無法購得的情況下，便用傳抄來流佈。他們睜眼研讀探索，超越了中國人對《遐邇貫珍》的重視，以至我們在收藏上、研究上都落後於日本學界，就連重印《遐邇貫珍》也是借用日本搜集得來的全套版本來付梓。何以日本會如此珍視《遐邇貫珍》？就是我這次所要進行的考察。

一、日本德川幕府由禁教到鎖國

一六零三年，德川家康平伏群雄後，建立江戶幕府政權。其時，葡萄牙人已由平戶島遷至長

崎，在開展貿易之餘，還有耶穌會士積極傳播天主教，日本信徒大增至四十多萬人。家康擔心外國宗教會影響日本的信仰和政制，遂發出禁教政令，驅逐傳教士和教徒出境。[1]

一六一六年，德川頒令除中國商船外，所有外國洋船只能停泊在平戶和長崎。一六三六年，命令長期奉行（地方官名）將葡萄牙人及其妻兒共二百七十八人即捕即解，遣送澳門。一六三九年，又嚴令居於長崎出島（人工島）的葡萄牙人限日離境，不得再踏足日本，葡船不得再入港。另一方面，承諾不會傳播天主教的荷蘭人獲得繼續通商。迨一六四一年六月，江戶幕府指令荷蘭船轉泊長崎，不得再在其他港口貿易，而荷蘭商館及其國人，亦由平戶遷到長崎出島[2]。

江戶幕府又向中國來航的唐船約法三章：一、嚴禁運送天主教徒入境；二、嚴禁窩藏天主教徒在船內；三、嚴禁運載天主教的書籍信函和教會的餽贈物。同時指定長崎是唯一貿易港[3]。

雖然江戶幕府還開放對馬讓朝鮮的通訊使前來，但實際上對外的窗戶主要仍然是長崎[4]。這樣嚴格規定只許中國唐船和荷蘭船進入長崎，登岸後還被劃地而居。與此同時，日本人也不能夠出國渡洋，嚴厲執行至「片板不得外流」。如此嚴令規管，史學界稱之為「鎖國時代」。

江戶幕府雖然施行鎖國政策，但他們對海外的事事物物，並非不聞不聽，而是有意識地收

1 黃天著：〈長崎的唐人、唐船、唐寺、屋敷和媽祖文化〉，收錄於《九州學林》，香港城市大學、上海復旦大學出版，二零零四年秋季號，頁三一二。
2 同註1引書，頁三一三。
3 同註2。
4 日本鎖國時代的窗口港有長崎一港之說，也有長崎、對馬二口之說，更有長崎、對馬、琉球三口之說，但琉球當時是一個獨立國家，是否應該被歸入鎖國時代的日本窗戶港，我是有保留的，可參閱黃天著《琉球沖繩交替考》，香港：三聯書店，二零一五年。再有四口之說，是加入從前（北海道南端的小市鎮）跟北海道原住民的交往。但這也是有爭議的。

上：美國遠東艦隊司令培理

下：被稱為「黑船」的美國遠東艦隊航抵小田原海灣

集情報。他們向唐船訂購中國（明至清）的經典書籍，也歡迎載來新版書，所以江戶時代購買了大量中國舶來書，日本學者大庭脩在這方面有很深入的研究，這裏就不再詳述了。而每當唐船抵達長崎，長崎的官員和通譯就會向唐人（主要是船主和有常識的成員）詢問中國的政情和各種新情況、新事物，然後撰寫成《唐人風說書》，抄成三冊，其中一冊呈送江戶幕府[5]。至於荷蘭人方面，江戶幕府規定荷蘭商館長[6]每年需提交《荷蘭風說書》，這是幕府給予荷蘭壟斷日歐貿易的一項義務。有着荷蘭官方代表身份的荷蘭商館長，通常每年都會被安排詣謁江戶，並將《荷蘭風說書》奉呈幕府。日本方面也培養出通曉荷蘭文的翻譯，更逐漸形成一種專門研究荷蘭傳來新知識的學問，稱為「蘭學」[7]。如一七七四年，他們已經可以根據荷蘭文翻譯出西洋醫學的解剖書，名為《解體新書》，並配上繪圖[8]。

鴉片戰爭一役，中國被打敗的消息傳到日本，江戶幕府大為震驚，馬上豎起耳朵，迅速收集情報。由於荷蘭來自歐洲，故能帶來更多歐美各國的信息。幕府高層經過審時度勢，為謹慎起

5 〈風說書〉三冊，一送呈江戶幕府，另一冊收存在長崎奉行所（奉行為地方官員），再有一冊由唐通事收存。參見山脇悌二郎著：《長崎の唐人貿易》，日本吉川弘文館出版，一九九五年，頁二九八。

6 一六零三年荷蘭有多間貿易公司聯合組成「荷蘭東印度公司」，連荷蘭王也參與其中，並由他委任各區的荷蘭商館長。這些商館長在海外擁有軍事和外交上訂約的權力。

7 參見杉田玄白著、緒方富雄校註：《蘭學事始》，東京：岩波書店，一九六六年。

8 《解體新書》的原著者是德國人 Johan Adam Kulmus（一六八九至一七四五年），其著作被譯為荷蘭文，後傳至日本。一七七四年，由杉田玄白譯為日文、中川淳庵校，以《解體新書》為名刊行。是書附有解剖圖，使日本人對人體內臟的認識，取得科學上的領悟。

見，撤銷強硬的「文政令」[9]，於天保十三（一八四二）年改頒較為懷柔的「天保薪水令」。這項法令是對遇上缺乏食水和柴薪的外國船隻給予接濟補充。

一八四四年，荷蘭國王威廉二世親函日本，闡述歐洲列強在亞洲競相開闢殖民地，尤其是英國取得鴉片戰爭勝利之後，東亞的局勢產生了巨大變化，所以忠告日本早日開國，要以中國為鑑[10]。

一八四六年，美國曾派兩艘軍艦到日本，擬遞交總統親筆函，要求日本開放港口，既要讓美國的航船泊港補充食水和煤炭燃料，又要求援助因遇海難漂流而至的船民。但均被幕府拒絕。

一八五零年和一八五二年，荷蘭先後向日本提交《別段風說書》和《當子年荷蘭風說》。前者透露了列強派到東亞的艦隊的組織和裝備，後者更指明美國已派出使節來日叩門，他們的艦隊已經航抵中國[11]。

二、《遐邇貫珍》緊貼報道「黑船事件」

這確是事先張揚的行動。美國於一八五一年十一月委任培理（Matthew Calbraith Perry，一七九四至一八五八年）為遠東艦隊（有譯作東印度艦隊）司令。翌年一月，培理接受任命後，美國政府即向外公佈，所以歐洲各國均已知道培理將有率領艦隊訪問日本的行動。

培理率領由四艘軍艦組成的遠東艦隊，於一八五三年夏，先後來到香港，再北上經廣東、上海，稍後於五月二十六日抵達當時的琉球國那霸港。培理登岸，清楚道明要跟琉球立約通商。七月八日，培理的軍艦出現在江戶灣的浦賀港。灣岸的守衛和漁農看到四艘船身塗抹得漆黑、冒着滾滾黑煙的大船直闖江戶灣，不禁大為驚慌，高呼：「黑船來了！」[12]七月十四日，培理率領官兵登上九里濱，向江戶幕府官員遞交美國總統親筆書函，表明要立約通商，先給予幕府時間考慮，俟明春再來聽取答覆。

培理的艦隊於七月十七日離開日本，重訪琉球國。他們用威嚇的手段迫使琉球同意成為美國航船的補給港，並在港口設置倉庫。培理取得琉球開港這個後備方案之後，便南下來到香港和澳門休整，同時作了一些外事活動。

一八五四年一月，培理的艦隊再啟航赴日。二月十三日，培理的七艘軍艦先後來到橫濱港匯合，加大對江戶幕府的威嚇力量。三月八日，培理率領官員，帶同翻譯登上橫濱，與幕府的全權代表舉行會談。經過二十天的四輪談判，雙方終於達成協議。三月三十一日簽署了《日美和親條約》。

通過談判，沒有動武開槍便達成《日美和親條約》，日本史學界將這次培理的叩門稱為「黑船事件」。其實，這是日美外交史上的第一頁，不但意義重大，而且影響到二百多年的鎖國政策。幕府被迫開放港口，動搖了他們的政權。最終使德川幕府倒台，迎來明治維新，改變了日本的國運。

9 參見加藤祐三著：《黑船異變》，東京：岩波書店，一九八八年，頁二四。起因是英國的軍艦於一八零八年航抵長崎，強要食水和柴薪。文政八年（一八二五年），江戶幕府頒佈「文政令」，強硬對付入境的異國船，不用警告，便可發砲驅逐。

10 同註9引書《黑船異變》，頁二五至二六。

11 同註9引書《黑船異變》，頁二八至二九。

12 當時歐美各國的大型帆船為了防腐和防水，在船身塗上漆黑的瀝青，後來有了蒸汽動力，煙突噴出滾滾的濃厚黑煙。日本人首次看到這樣漆黑的巨船，便喊着：「黑船來了！」

| 培理登上橫濱獲接待並會談

這樣的一件歷史大事，《遐邇貫珍》的率先報道，相信也是所有華文資料最早的信息。當培理的艦隊第一次訪日叩門尚在回程之際，《遐邇貫珍》的創刊號在印機滾動下，已於八月一日梓行。該號〈雜報〉的最後一項消息是：

五月中旬，有花旗國師船火船數隻，由上海赴日本國，欲圖通商，並求該國王准其設立貯煤之所，以作中站，俾金山暨亞墨利加與中國往來火船，從此接濟。

其後，《遐邇貫珍》緊貼報道培理率領艦隊叩門的情況：「其水師提督柏利（培理），玆於本月初三日自該處回港……」（一八五三年九月第貳號）。

近日花旗國前赴日本之使舟業已旋港。據云：使臣與日本執政大吏妥議貿易事務，於彼境開立二處埠頭。二月二十五日訂立和約，章程妥竣矣。（一八五四年四月第三、四號）

一八五四年五月第伍號，詳述培理訪日贈送西洋器械作為禮物的情況。

一八五四年八月第八號，刊出培理的艦隊在日本探測海港的水深，並議妥僱用帶水和購買溪水等事，又述及日本國王回贈禮物多種。

一八五四年十月第拾號，詳載《日美和親條約》的內容，包括開放下田和箱館（今稱函館）兩個港口。

一八五四年十一月第十一號，刊出〈日本日記〉，編者加了按語：

《遐邇貫珍》數號每記花旗國與日本相立和約之事，至第十號，則載兩國所議定約條之大意。今有一唐人為余平素知己之友。去年，搭花旗火船，遊至日本，與助立約之事。故將所見所聞，日逐詳記，編成一帙，歸而授余。茲特著於《貫珍》之中，以廣讀者之聞見，庶幾耳目為之一生新。但因限於篇幅，未便詳敘，此月祇印其三分之一，餘待後續。

接着的一八五四年十二月第十二號刊出〈續日本日記〉，一八五五年正月第壹號繼刊〈續日本日記終〉。

上面提到的「唐人」是誰？而「平素知己」又是哪一位？其實他們早已被學者揭開了面紗。「平素知己」就是衛三畏（Samuel Wells Williams，一八一二至一八八四年）。他出生於紐約州伊薩卡。一八三三年，他被美國部會派到廣州擔任傳教站的印刷工，從此開展了他在中國長達四十年的傳教與研習著述和外交工作生涯。在最初的二十年，他主要從事「文字播道」，編輯印刷《中國叢報》（英文版，一八三二至一八五一年），並編著了《廣東方言中文文選》（與裨治文合著）、《拾級大成》、《中國地志》、《商務指南》等書。衛三畏中文相當嫻熟，能說官話和方言，因此從一八五六年轉至美國駐華使團任職，曾七次代理駐華公使職務。一八七七年返回美國，獲耶魯大學聘為該校第一任中國語言與文學教授。晚年修訂了其力作《中國總論》，成為歐美人士研究中國的標準參考書[13]。

當培理獲委任為遠東艦隊司令後，即為遠征日本而蒐集資料，從而知道日本的政府官員多深諳漢文。培理又打聽到衛三畏在廣東生活有二十年，對中文的講和寫都能揮灑自如，而且懂得一點日本語，於是便想到請衛三畏同赴日本，擔任他的翻譯。

一八五三年四月九日，培理親到廣州拜訪衛三畏，懇請他隨行遠征，擔任翻譯工作。衛三畏被培理的誠意打動，便答應同行[14]。

當時的傳教士雖然通曉中文，但謹慎謙虛之士，還會聘請中國的塾師、文人來協助，為他們的文稿潤色、把關。衛三畏隨美國遠東艦隊首次赴日的時候，請了一位姓謝的人來當中文秘書。原來他嗜吸鴉片，身體極為虛弱，甫出大洋，就病倒在床，最後氣息全無，還沒有幫上什麼忙就被海葬了[15]。

一八五四年一月，培理再次征日，衛三畏在日記中記述：「這次我聘請了一位姓羅的教師來當我的助手，他學識淵博，也不抽鴉片。」[16]

看來，衛三畏對羅森是十分滿意的，這可以從他致函夫人的文字中看到：

但是現在許多事關重大的問題要我來處理，我只得求助於羅先生。……羅對工作很有熱情，與當地人相處得也很融洽。在當地人看來，羅先生是他們見過的最博學的中國

13 參考自衛斐列著，顧鈞、江莉譯：《衛三畏生平及書信》，桂林：廣西師範大學出版社，二零零四年，頁一五五、二九六、三一零、三一六。

14 同註13引書，頁一零九，引衛三畏的日記。

15 同註13引書，頁一一零、一一二。

16 同註13引書，頁一二五。

遐邇貫珍

惟無噬齒故於當門齒磨齒之間有空處焉磨齒甚闊而[illegible]
用以磨草有硬蓋鑲之灣曲如半月然能於既食之後翻其
草再嚼胃有四腸甚長草必留於肚更久於別物前足不能
拊摩攫拿只能扶持其身如後足然足有硬蹄分爲兩趾故
亦謂之分趾蹄生物云分有兩家曰無角者曰有角者無角
者如駱駝駱駝之屬有角者如麋鹿羊類犢牛之屬此等生
物甚有用於人能負重物且可爲食[illegible]

[illegible]當登岸以尋其食第二族之所異於第一族者以有一吹氣
孔故亦謂之吹氣者其口極大於其食時水與之俱進於此
必當有以處之故當水入鼻孔即轉入一囊囊護以骼頭頂
復有一小孔即上所謂吹氣孔一舒其筋水即由此孔噴出
矣鯨魚江豚皆屬此族。下月附馬之論

日本日記

遐邇貫珍數號每記花旗國與日本相立和約之事至第十
號則載兩國所議定約條之大意今有一唐人爲余平素知
已之友去年搭花旗火船遊至日本與助立約之事故將所
見所聞日逐詳記編成一帙歸而授余茲特著于貫珍之中
以廣讀者之聞見庶幾耳目爲之一新但因限于篇幅未便

右：參加了美日談判的羅森

左：羅森的〈日本日記〉在《遐邇貫珍》連載

人。自從羅為他們的扇子題下優美的詩句以後，他們就更願意與他切磋中文了[17]。

長期住在廣州的衛三畏，與倫敦傳教會的傳教士有很深厚的友情。他們常互相投稿給對方辦的刊物。衛三畏主持的美部會印刷所，曾於一八三七年印刷出版了麥都思編的《福建土話詞典》。由此可以推知《遐邇貫珍》所說的「余平素知己」就是衛三畏無疑。

羅森被邀請登上培理的美國遠東艦隊，使他有機會參與並目擊了日美外交談判的第一幕。這一偶然機會，讓他在歷史留了名。他為《遐邇貫珍》撰寫的〈日本日記〉，不但是日美外交史上的重要文獻，同時作為中國人，羅森是日本鎖國二百多年來，第一位突破長崎而能履足神奈川縣、遠至箱館的唐人。他描繪出日本各地的山村農莊景色，細緻地記下官員武士的裝飾——闊衣大袖，腰佩雙刀，束髮，剃去腦信一方……；婦女的打扮——衣長委地，腰後有裙，以紅綢束其髻，顏色亦多美艷。筆鋒又觸及日本的男女混浴和相撲手勇武的表現，也述及漆器、瓷器、鮑魚等產物。這種種描述，超越前人多用聽聞來為日本寫史，其意義和價值，絕不能等閒視之。

羅森以文會友，詩書相酬，書贈扇面字幅逾千。他又應日本官員所關注的太平天國戰情，將其著作《滿清紀事》及《治安策》借出，供他們抄閱。《滿清紀事》在清末再逆輸入回到中國，其中詳情我曾著有〈《滿清紀事》、《日本日記》的逆輸入和增田涉的有關研究——兼談《遐邇貫珍》〉[18]論文，這裏不再作多贅。

17 同註13引書，頁一三六。

18 黃天著：〈《滿清紀事》、《日本日記》的逆輸入和增田涉的有關研究〉，收錄於上海復旦大學歷史系、出版博物館合編：《歷史上的中國出版與東亞文化文流》，上海：百家出版社，二零零九年，頁一五八。

三、《遐邇貫珍》初傳日本

當培理於一八五四年一月第二次出發征日之時，《遐邇貫珍》已出版了半年多。一直以來，基督新教都十分積極傳道，編印宗教宣傳品，免費派發，雖然屬於不同會堂，但仍然互相幫忙照應，尤其是播道的刊物，既互通信息，合作翻譯，又相互投稿，協助派發。衛三畏有機會乘搭美國軍艦前往日本，或主動或受託帶了若干期《遐邇貫珍》上船。抵日後，分送給幕府的官員。這就是我推算《遐邇貫珍》初傳日本的可能。更何況他們曾有送贈《遐邇貫珍》給琉球國的記錄：

一八五四年一月，在第二次來日途中停留在琉球的時候，柏利艦隊的一個成員送給當地人兩冊。（中略）這兩冊《遐邇貫珍》後來從琉球傳到了薩摩藩，又以抄本的形式在全國有實力的藩士之間廣為流傳[19]。

而接下來這段日記，可以確證《遐邇貫珍》是被送到日本官員的手上。

培理在日本扣門之際，俄羅斯也來到長崎要求日本開放港口。代表幕府和俄國談判的是川路聖謨（一八零一至一八六八年）。及至《日美和親條約》簽訂後，川路和俄國的談判地方也轉到下田來。就在下田，川路收到《遐邇貫珍》的謄錄本。他在日本嘉永七（一八五四）年十二月廿二日（一月二十日）[20]的日記作如下記述：

亞（美利加——黃天按）人攜來名為《遐邇貫珍》的書，照樣抄錄。此書乃於中土香港之地由英國人印製，每冊十五文，按月出售。類似世界消息的書刊，也可以說是西洋新聞紙（如同荷蘭風說書），但不是橫文洋書，很有心思地以漢文撰寫，其中有橫濱條約（即《日美和親條約》——黃天按）的情節，亦有由帆檣用望遠鏡遠望各地等事（在此難以一一詳述），遠較日本人的傳聞詳細[21]。

川路所說的《遐邇貫珍》刊有《日美和親條約》，翻查《遐邇貫珍》刊出《日美和親條約》正是一八五四年十月號。在《日美和親條約》簽訂不久，美國先後有幾艘船隻搶着來到下田要求通商，但為幕府所拒，原因是雙方對條文的理解有差異。那麼這十月號的《遐邇貫珍》是怎樣送到日本的呢？

培理與日本簽訂條約後，即由亞當斯中校搭乘薩拉托加號軍艦，於一八五四年四月上旬開航返國，經過九十九天的漫長旅程，回到華盛頓，將條約呈交國會。因正趕上國會期，所以很快獲得通過，旋由總統正式簽署。亞當斯再折航回到東亞，於一八五五年一月九日重抵下田，即舉行交換合約儀式。[22]亞當斯回航日本途中，寄泊香港，英華書院方面向他推介刊有《日美和親條約》的一八五四年十月號《遐邇貫珍》。我們相信他是很樂意將該刊物攜往日本的，因為這是十

19 松甫章、內田廣市、沈國威編著：《遐邇貫珍．附解題．索引》，上海：上海辭書出版社，二零零五年，頁一一五至一二六，沈國威〈《遐邇貫珍》解題〉引劉建輝文。

20 松浦章作十二月二十三日（見註19引書，頁一六），但川路聖謨則作十二月二十二日，而且是農曆。

21 參見川路聖謨著：《長崎日記．下田日記》，東京：平凡社，一九七一年，頁一九四。原文為日文，筆者據意譯出。

22 同註9引書《黑船異變》，頁一五八、一八一。

分切合他的職務，而且日方也是有興趣閱讀的。

江戶幕府收到《遐邇貫珍》後，即謄抄多份，分送各機要官員參考，尤其是正在主理和俄國談約的川路聖謨，就更加優先發送。

《遐邇貫珍》在日本一經展現，不但開明藩士爭相抄錄傳閱，民間的志士學人也紛紛蒐求研習。著名的幕末志士吉田松陰（一八三零至一八五九年），曾看過《遐邇貫珍》一八五四年一月號的〈喻言一則〉有關「馬鹿同遊」的短文。估計他還會讀到〈雜報〉中俄羅斯和土耳其交戰等海外各地的記事，因而對《遐邇貫珍》產生莫大的興趣，只是一書難求。吉田在一八五七年九月終於得償所願，他向長原武致函時：「《遐邇貫珍》拜受，不勝感謝。」[23]

一八五八年，主管外交和海防的岩瀨忠震（一八一八至一八六一年），因為職務所在，相對比較容易取得《遐邇貫珍》。他在四月覆函松平春嶽時說：「拙藏中有《遐邇貫珍》，若想一睹，來示即可奉上。」[24]

迨幕府末年，海禁放寬，大量西洋科技書籍、各式雜誌刊物等如潮水般湧入，當中也可以看到已經停刊的《遐邇貫珍》。據一八六一年柳河春三撰著的《橫濱繁昌記》內，〈舶來書籍〉列出如下書刊：

> 在香港、上海等處所刊漢字著書頗多……新出書目：推步則談天。數學啟蒙，代數學、代微積拾級、幾何原本。格物則博物新編、重學淺說、格物則窮理問答、智環啟蒙。刀圭則全體新論、內科新說、西醫略論、婦嬰新說。廣輿史乘則瀛環誌略、地理全志、地球說略、萬國綱鑒錄、大英國志、聯邦誌略。新報紀事之屬，則遐邇貫珍、六合

叢談、中外新報、上海新聞等。[25]

四、日本爭閱、傳抄《遐邇貫珍》

畢竟《遐邇貫珍》是研究「黑船事件」頗為重要的文獻。幕府末年曾派出「遣美使節團」和「遣歐使節團」。當時的航船多經香港而西往，甚或在香港轉船續航。這些使節團員在留港期間，跑英華書院似是他們的一項任務，為的是購買《遐邇貫珍》。一八六零年幕府派出的「萬延年遣美使節團」就有這樣的記載：

十月二十四日……又此間有英華書院，為名聞我國之學黌，我很想前往見識，然陪扈之身，不能自由行動，故終未能成行。有人曾至該處……欲洽購《遐邇》、《六合叢書》，詢之亦一面茫然而稱不知。（玉蟲誼茂《航美日錄》）[26]

玉蟲的同行團員森田岡太郎於十月二十五日親到英華書院，其遭遇是：「市內西面有書院，

23 參見增田涉著：《西學東漸と中國事情》，東京：岩波書店，一九七九年，頁三零六。
24 同註23。
25 同註23引書《西學東漸と中國事情》，頁二二至二三；又註19引書《遐邇貫珍・附解題・索引》，頁一二五。
26 參見陳湛頤著：《日本人與香港——十九世紀見聞錄》，香港：教育圖書公司，一九九五年，頁五五至五六。

即英華書院。雖有書肆，然並無唐本。」（《美行日記》）[27]

團中的荷語翻譯名村五八郎終於有所收穫：「十月二十七日早上十時，與森田（岡太郎）一起登岸，到英華堂，與中國人的英文譯員會面，購買《遐邇貫珍》、《六合叢書》等書。」[28]《遐邇貫珍》深受日本人珍視，只可惜遲至一八五九年幕府才開禁讓圖書自由流入。但《遐邇貫珍》已停刊四年多，他們想要補購也不容易。所以今天原刊本的《遐邇貫珍》在日本僅存兩三期，另有一些殘本[29]。

但我們從日本各圖書館至今還藏有《遐邇貫珍》的抄本來看，是教人驚嘆的！因為如果將各圖書館收藏的抄本結合起來，幾乎可以集齊三十二期[30]，僅欠一八五五年的第四和第五號。由此可以證明當年日本探求新知、開眼看世界的人實在不少。走筆至此，彷彿看到他們挑着油燈、盤腿坐在榻榻米上，趕緊謄抄，務須在約定期限前將借書交還的情景。

五、日本研究《遐邇貫珍》的成果

一如上述，《遐邇貫珍》的內容對當時閉鎖的日本來說是豐富多彩的。那些科技新知識、各國情勢，都能吸引着極富好奇心的日本人。他們傳抄爭閱，追尋各期的《遐邇貫珍》，及至書禁開放，對一些天文地理、醫學、機械等知識的追求，已不是《遐邇貫珍》所能滿足，從而轉向專門書中求索。但作為影響日本國運的「黑船事件」，永遠是日本史學上一大課題，每個國民在歷史課上總會接觸和學習到。正因為這樣，《遐邇貫珍》內有關「黑船事件」的報道，特別是羅森的〈日本日記〉，就更加受到史學界的珍視。在幕府末年，已將〈日本日記〉抄印出來，題為《來米（美）國使節隨行清國人羅森日本日記》，並加題識：「嘉永六（一八五三）年十二月十五日至安政元（一八五四）年七月十四日接待日本使節的情景和在日本的見聞」，又作編註：「此日記刊載於香港英華書院發行的《遐邇貫珍》，今原刊本未能尋得，因此以向山篤輯錄的《蠹餘一得》及《中村不能齋筆記》本梓行。」[31]

這個〈日本日記〉的版本於一九一三年被收錄在《大日本古文書》之〈幕末外國關係文書〉內[32]，供學者研究。

《遐邇貫珍》不齊不全，抄本也是分藏於各圖書館，無疑桎梏了研究。但戰後仍然有一批學者開始進行探索。

根據松浦章教授的考查，石田八洲雄是比較早的一位。他於一九六七年發表了〈關於《遐邇貫珍》中所出現的米爾頓的詩〉；而卓南生也在一九七四年將其論文〈《遐邇貫珍》（一八五三至一八五六）——對香港最早的中文月刊報紙的探討〉，發表於日本的立教大學[33]。

筆者認為增田涉的研究是不容忽視的。他除了考察羅森的〈日本日記〉外，更翻出他的藏書

---

27 同註26引書，頁八七。
28 同註27。
29 同註19引書，頁九二，沈國威〈《遐邇貫珍》解題〉引八耳俊文的調查。
30 同註19引書《遐邇貫珍·附解題·索引》，頁一二六至一二七。
31 同註23引書《西學東漸と中國事情》，頁三零八至三零九。
32 同註31。
33 參見卓南生著：《中國近代報業發展史（一八一五—一八七四）》，北京：中國社會科學出版社，二零零二年，頁六七。卓南生雖是新加坡人，但他頗長一段時間在日本研究中國的報刊史，並以日文發表其研究成果。

《金川遊記》來比對。據《金川遊記》內的筆談（於橫濱接館，見唐山之人羅森，席上筆語），可以更深入了解日本對中國時局的關注和羅森的對答[34]。同時，增田涉又使用他的珍本藏書，論證了《滿清紀事》確為羅森所著[35]。而《滿清紀事》在明治年間，也由勝海舟輯入《開國起源》上卷之內。

增田涉以上的研究，早在一九七二年已經發表，結集成書是在他逝世兩年後的一九七九年。迨上世紀九十年代，八耳俊文決心就日本全國收藏《遐邇貫珍》的情況，進行一次徹底而詳細的調查，理清了原刊本有多少冊和抄本的藏數[36]。其研究和辛勞，值得嘉許。

繼八耳俊文之後，松浦章、內田慶市和沈國威三位教授組成研究組，遠赴英美訪尋《遐邇貫珍》的全套善本，然後影印出版，使長期以來不容易看到《遐邇貫珍》的全貌，今日得以置於案頭，對學術界來說，實在是功德無量。同時，他們分別作出整理和研究，並取得豐碩的成果，謹在此向三位教授表示祝賀和感謝。

（本文首次發表於二零一八年十月的「英華書院創校二百年紀念學術會議」，今稍作修訂附錄於此）

---

34 同註23引書《西學東漸と中國事情》，頁三零九至三一三。

35 同註23引書《西學東漸と中國事情》，頁二零八至二二零，〈《滿清紀事》とその筆者〉。又同註18，黃天：〈《滿清紀事》、《日本日記》的逆輸入和增田涉的有關研究——兼談《遐邇貫珍》〉。

36 同註19引書，頁九二、一二六至一二七，沈國威：〈《遐邇貫珍》解題〉。

附錄二、香港收藏《遐邇貫珍》的誤報

我研究羅森的《日本日記》，得自魯迅學生增田涉的《西學東漸と中國事情》，至今已有三十多年。《日本日記》的祖本是《遐邇貫珍》，由香港英華書院梓行。印象中，曾聽過香港大學圖書館藏有《遐邇貫珍》的傳聞。後來，我讀到香港博物館編製、香港市政局於一九九零年出版的《香港歷史資料文集》，內有楊國雄先生[1]的〈香港大學孔安道紀念圖書館所藏香港史料介紹〉。其中〈報紙〉部分的收藏，首先就引出《遐邇貫珍》來：「香港大學圖書館藏香港中文報紙四十五種，最早的藏品首推《遐邇貫珍》，收藏了全套從一八五三年八月至一八五六年六月的期數。其次是《循環日報》……」[2]

我研究《日本日記》多年，很想一睹《遐邇貫珍》原刊本的真貌。但因為忙於其他事務，訪書一再推延。直至二零零八年我要參加在上海舉行的「歷史上的中國出版與東亞文化交流學術研討會」，在提交論文後[3]，便想到赴香港大學借閱《遐邇貫珍》，並作校勘。

二零零八年十月十三日，我在香港大學建築系黃賜鉅教授的引介下，按約定時間來到香港大

1 香港博物館編製《香港歷史資料文集》，香港市政局出版，頁六六介紹楊國雄為孔安道紀念圖書館前主任、前英國皇家亞洲學會香港分會圖書館名譽主任。

2 同註1引書《香港歷史資料文集》，頁六八。

3 論文名〈《滿清紀事》、《日本日記》的逆輸入和增田涉的有關研究〉，收錄於上海復旦大學歷史系、出版博物館合編《歷史上的中國出版與東亞文化交流》，上海：百家出版社，二零零九年，頁一五八。

學圖書館特藏部借閱《遐邇貫珍》。

當我坐在圖書館的方枱上，懷着興奮的心情準備迎接那期待已久的珍本。但是，送到枱上的竟是兩卷合訂的《遐邇貫珍》影印本。我失望之餘，向館員追詢。後來，特藏部主任陳桂英小姐來跟我解釋：「不是不想把珍本借出來，而是的而且確沒有收藏《遐邇貫珍》的原版本。」

我不滿意陳主任的解釋，出示上述楊國雄的文章。陳主任閱後，表示明白楊氏的表述，但她強調自己接任後，就只有《遐邇貫珍》影印本，從無見過原版本。

我聞言，大為驚詫！因為從有藏到從無見過，原刊落在何方？香港大學圖書館是有藏還是沒有藏？這個謎一定要揭開，否則會令人聯想到很多道德和操守上的行為。

陳主任同意要把事情弄清楚，答應向前主任請示，了解事情的始末。

翌日下午，陳主任回電話講述前主任即現在香港大學馮平山圖書館館長尹耀全先生，尹館長也表示當年接任時，只有《遐邇貫珍》的影印本，沒有見過原刊本入藏。

還是懸案一宗！為要水落石出，我謝過陳主任，即去信尹耀全館長，請他為我將謎底揭開。十月二十七日，收到尹館長覆函，他說他曾是楊國雄的副手。一九九零年，楊氏離任，由他接任，館藏的《遐邇貫珍》就只有複印本和縮微膠卷。他收到我的信後，「將複印本和縮微膠卷比對一下，發現內容版式大致相若，相信複印本是從縮微膠卷（原本藏於大英圖書館）翻印出來的。可是縮微膠卷缺少了《遐邇貫珍》第一號，相信楊先生是從另一所圖書館找到了這一期，複印後將它與其他期數合訂在一起，方便讀者利用。」[4]

接着尹館長辯解，楊先生的文章在描述《循環日報》的收藏時，也沒有指明是縮微膠卷。所以尹館長來信引楊國雄文章說：「『其次是《循環日報》，所藏是一八七四年二至八月、一八八八零年二至七月，另一八八三年八月至一八八六年。』」繼而辯說：「然而，館藏《循環日報》為縮微膠卷，分別購買自英國和日本，楊先生亦同樣未有加以註明。由此看來，楊先生在撰寫文章時，也許是重資料而輕版本了。」最後也不得不表示：「無論如何，解鈴還需繫鈴人，相信只有楊國雄先生方可以解開這個疑團。楊先生已赴加國。如先生需要聯絡楊先生，本人可以代為轉達。」[5]

陳桂英小姐的前任是尹耀全館長；尹館長的前任是楊國雄先生，而且尹館長早期更是楊先生的副手，故有曲護之心，乃是人之常情。

尹館長舉出楊文在談到《循環日報》時，「亦同樣未有加以註明。」並謂：「楊先生在撰寫文章時，或許是重資料而輕版本了。」

但我在十一月六日的覆信中提出不同的意見，指出楊國雄文章在談到《遐邇貫珍》時，是使用最早的藏品首推《遐邇貫珍》來描述，但在同一頁說到香港總督的檔案時，卻清楚寫明是「縮微膠卷」，似又不是「重資料而輕版本了」。這段文字轉錄如下：

至於香港總督的私人檔案，該館藏有第九任港督軒尼詩（一八七七至一八八二）、第十三任港督彌敦（一九零四至一九零七）和第十四任港督盧嘉（一九零七至一九一二）的

4 錄自尹耀全館長二零零八年十月二十四日原信。

5 錄自尹耀全館長十月二十四日原信。

檔案縮微膠卷本。[6]

最後我在信中直接提出：「貴館是否藏有《遐邇貫珍》祖本此疑團，愚見是不能有所含糊，恰如館長所言：『無論如何解鈴還需繫鈴人』，煩請向楊國雄先生聯繫，來示賜教，以啟茅塞。」

此信於十一月六日發出，我等不及尹館長的回覆，翌日即飛上海，出席「歷史上的中國出版與東亞文化交流國際學術研討會」。

十一月八日下午二時，我在會上發表論文。在結束講話前，我補充說明香港大學是否藏有《遐邇貫珍》，尚待釐清；因為很可能香港大學並沒有收藏《遐邇貫珍》的原刊本，所以我提出把論文在〈結語〉前的一段文字刪去。

經我這麼一說，與會的學者也感驚詫，因為在他們的印象中，香港大學是藏有《遐邇貫珍》的原刊本。我回應說：「也許是受到權威的《香港歷史資料文集》影響！」

但其中一名與會的香港某大學教授卻有「全新的見解」。他說：「香港大學可能真的藏有《遐邇貫珍》的原刊本，但因為不讓你看，便故意說沒有收藏！」

這「全新的見解」如果成立，就得光明正大地訂出規則來，規定什麼人可以看；什麼人不可以看；為什麼不讓看，而不是用謊言來拒絕學者到訪，妨礙研究。

研討會結束後，我返回香港不久，即收到尹耀全館長十一月十四日署名的覆函，最重要的內容轉錄如下：

> 日前陳桂英主任就先生的查詢聯絡了楊國雄先生，楊先生的回覆是本館沒有《遐邇貫

珍》原件，圖書館現存的合訂本是他從微縮膠卷及其他圖書館影印所得，再裝訂成冊的。

這是解鈴人語——「本（香港大學圖書）館沒有《遐邇貫珍》原件」。雖然謎底已揭開，但我還是要追問下去，來個徹底明白。這次我捨書信不用，直接打電話求詢。

十一月二十八日上午十一時四十分，電話接通了尹耀全館長。我首先向素未謀面的尹館長致謝。接着，我開始提問：

一、既然香港大學只藏有《遐邇貫珍》的微縮本，何以楊國雄先生在文章中沒有言明，說成是藏有原刊本一樣，其動機何在？

◎尹館長回答：關於楊先生的動機，我不好為他作答。但楊先生的文章，文責由他負責。不過，他為蒐集散落在歐洲的香港資料文獻，是做了大量工作的。

二、我剛從上海的研討會歸來，有與會者熟悉美國圖書館，故有「全新的見解」，就是：「香港大學可能真的藏有《遐邇貫珍》，但不想給你看，所以說沒有藏！」請問尹館長，這樣的情況會有嗎？

◎尹館長答：絕無其事！這種情況是不會出現的。可能美國有一些圖書館是不公開某些珍本，但也會說清楚是有收藏，並列出條件限制什麼人才可以看。而我們（指香港大學圖書館）有藏便說有藏，沒有規定或限制，歡迎專家、學者來研究。

6　同註1《香港歷史資料文集》，頁六八，楊國雄〈香港大學孔安道紀念圖書館所藏香港史料介紹〉。

最後，我表示擬就香港大學收藏《遐邇貫珍》這個謎撰文，以正視聽。尹館長亦頗有同感，認為有這樣的文章來追溯探討，自有其深厚意義。

與此同時，我又走訪了香港中央圖書館，查閱了微縮資料版的《遐邇貫珍》，再與香港大學所藏的影印本相校，證為同一影本，期數也相同，只是《遐邇貫珍》的終刊號是一八五六年五月號，並沒有六月號這一期。因此，在這裏也要訂正楊國雄的統計。他的文章說：「最早的藏品首推《遐邇貫珍》，收藏了全套從一八五三年八月至一八五六年六月的期數。」

走筆至此，總算解開香港大學圖書館藏有《遐邇貫珍》之謎。

後來，我翻看舊資料，看到魯金在一九八五年撰寫的〈每日專題〉，有介紹〈中文報鼻祖《遐邇貫珍》自歐美搜羅返港〉[7]，講述「香港大學孔安道紀念圖書館花了多年心血，從歐美搜羅全套，製成微型菲林運返收藏，誠一可喜盛事」。這裏仍然有點語焉不詳，容易令人誤解為搜羅全套再製成微型菲林一起運回來之意，而文內也有類似的描述：「從歐美各大學圖書館的珍藏善本中收（搜）羅而成的，可以說是十分難得。」幸好魯金有一處提到：「記者最近到香港大學孔安道紀念圖書館去，發現該圖書館最新收藏到全套《遐邇貫珍》的微型菲林。」這才稍為明確指出收藏的全套《遐邇貫珍》是微型菲林。

「文章千古事」，有些屬於文件的用詞，更要小心而且準確。楊國雄先生當年既是圖書館主任，就更加要小心說清楚是什麼版本或縮微膠卷，否則容易生嫌。楊先生可能是一時疏忽，沒有寫清楚收藏的是「縮微膠卷」，致引來誤報。

將香港大學收藏的《遐邇貫珍》複印本（由縮微膠卷打印）和松浦章、內田慶市、沈國威蒐求得來的《遐邇貫珍》（英國倫敦大學亞非研究所圖書館藏）影本相較，發現港大的複印本有如下缺遺：

一、一八五五年正月至肆月即第壹號至第肆號同欠〈佈告編〉；

二、一八五五年十二月第十二號欠該月份的新舊曆對照；內文十八省所屬各府州縣：廣西省不全，並欠雲南省、貴州省，欠〈佈告編〉。

結語

《遐邇貫珍》作為香港第一份中文報刊而為英華書院印行，就算放在全國，也是位居第二早的報刊，其在中國新聞史上，佔着非常重要地位。

《遐邇貫珍》的內容豐富多彩，是研究基督教東傳、西學東漸很可寶貴的資料。而有關太平天國史事的連載，早在一九五零年代已被編入《太平天國史料》內，足見其資料之可貴。至於美國遠東艦隊征日的報道，尤其是羅森的《日本日記》，令日本史學界奉為「開國起源」的珍貴資料。他們一再謄抄、抽印，因而使《遐邇貫珍》聲價百倍，香港英華書院也名聞宇內。

但《遐邇貫珍》的編輯與印刷地——香港，今天卻無法找到一冊原刊本，就連國內似亦無存。日本接觸西洋文明較後於中國，但他們睜眼看世界、開國迎新知，卻比我們熱誠、積極。就從蒐求《遐邇貫珍》而言，追訪又追訪，渡洋來港，總要登上英華書院，為求知識，不計袋中錢。但回看我國，卻被《遐邇貫珍》的編者埋怨：「一書所值無幾，何必吝惜而自甘寡聞……伏

7 參見魯金著〈中文報鼻祖《遐邇貫珍》自歐美搜羅返港〉，刊於一九八五年四月二十六日香港《明報》。

望中華諸君子，勿以孤陋自甘，勿以吝嗇是尚。」[8]

時至今天，我們的讀書風氣仍然使人慨歎，但見一些較有深度的知識性書刊、較為傳統的文藝刊物，讀者日稀，更何況嚴肅的學術書，幾乎無人問津。於是學術研究不獲重視，學者乏人尊重，學風吹不起，學術路難行，學子回身逃，學殖無大進，繼續落後於人再難自圓其說，不無憂虞之悵！

（本文初稿完成於二零零九年元旦，至二零一八年十月首次發表於「英華書院創校二百年紀念學術會議」，今稍作修訂，附錄於此）

8 參見《遐邇貫珍》一八五四年第十二號的〈《遐邇貫珍》小記〉。原文「吝惜」「吝嗇」混用，並無不妥。

後記

我是從增田涉的著書中得悉《遐邇貫珍》的，那已是留學日本的四十年前往事了。

增田涉（一九零三至一九七七年）生於日本島根縣，自幼好習文，受芥川龍之介和佐藤春夫的影響，對中國文學產生興趣。後來，遊學中國，在上海承內山完造之介，拜識魯迅，有幸成為名副其實的魯迅入室弟子——因自一九三一年三月下旬至是年十二月，增田涉幾乎每天都前往魯迅的寓齋上課。其時，魯迅已是譽滿中外的文豪，也不管多忙，仍然單對單面對面地為增田涉講課。後因日本侵華鐵蹄聲近，增田涉拜辭歸國，魯迅贈詩惜別：「扶桑正是秋光好，楓葉如丹照嫩寒，卻折垂楊送歸客，心隨東棹憶華年。」這首七絕，我中學時已誦熟，印象深刻（我曾撰寫〈獻給中國文化的魯迅學生增田涉〉，收錄在羅琅主編的《鑪峰文集——二零一一》）。

當年我負篋東瀛，在留學生涯中，最愛到神田神保町的書店街徜徉，遊走巡訪一百五十多間「古本屋」，賞書尋珍籍，每每樂而忘返，樂也無窮！（我曾撰著〈東京的神田書祭〉和〈神田書店街的舊書鋪〉，分別刊於《讀者良友》的一九八五年七月號和一九八七年十一月號）大約在一九八一年的一天下午，我拉門進入球陽書房，在壁立的書櫥前凝視，突有「增田涉著」四字影入眼帘，一種似是相識的感覺使我扳動指頭，將書取下，書名是《西學東漸と中國事情》。我翻看了一下，再檢視目錄，知是著者就鴉片戰爭及其後由中國傳到日本的有關西學和鴉片戰爭的「雜書」札記，頗合我研究興趣的範圍，遂購而歸之。

增田涉在著書中提到《遐邇貫珍》傳到日本後，備受矚目，渴求一讀者眾，以至筆寫傳抄，引來熱議。增田涉更就羅森及其《日本日記》作了深入研究，使我也墮入他的「研究網」，不能自拔。

我早於一九八八年三月，在《大公報》的專欄介紹了《遐邇貫珍》和「黑船事件」。二零零九年，我在上海的國際學術研討會上，發表了〈《滿清紀事》、《日本日記》的逆輸入和增田涉的有關研究——兼談《遐邇貫珍》〉論文。前年（二零一八年），我在英華書院創校二百年紀念的學術會議上，再發表了有關《遐邇貫珍》研究的論文（參見本書的〈附錄一〉和〈附錄二〉）。繼而我注意到《遐邇貫珍》內藏豐富史料，已為一些有識人士所擷取，如日本方面選錄了羅森的《日本日記》；我國學者王重民又摘錄了部分有關太平天國的記事。但作為《遐邇貫珍》出版地的香港，當時記述和報道香港的時事連篇累牘，以今天視之，是珍貴史料無疑，遂披卷擷秀，編輯分類，再加解題注釋。

侯明總編獲悉有此類鈔，即邀約付稿，並由副總編黎耀強兄親為編定梓行，謹對二位誠摯之助，深表謝意。

另一方面，也真要感謝香港城市大學景祥祜教授，因為他開車陪送我到中文大學，借閱《察世俗每月統記傳》的縮微菲林，並為我打印，使我可以潛心研讀，找出《察世俗每月統記傳》的終刊年月。早前，香港大學黃賜巨教授引介我到香港大學圖書館特藏部，查看了《遐邇貫珍》的版本，也是十分感謝他的。

二零二零年抗疫年十一月於香港

遐邇貫珍

香港史料類鈔

黃天 編著

責任編輯　黎耀強
裝幀設計　霍明志
校　　對　羅佩琪
排　　版　時　潔
印　　務　劉漢舉

出版　中華書局（香港）有限公司
香港北角英皇道四九九號北角工業大廈一樓B
電話：（852）2137 2338　傳真：（852）2713 8202
電子郵件：info@chunghwabook.com.hk
網址：http://www.chunghwabook.com.hk

發行　香港聯合書刊物流有限公司
香港新界大埔汀麗路三十六號
中華商務印刷大廈三字樓
電話：（852）2150 2100　傳真：（852）2407 3062
電子郵件：info@suplogistics.com.hk

印刷　美雅印刷製本有限公司
香港觀塘榮業街六號海濱工業大廈四樓　室

版次　2020年12月初版

規格　16開（230mm×170mm）

ISBN　978-988-8676-87-3